Integrated Korean Workbook

Beginning 2

THIRD EDITION

Mee-Jeong Park   Joowon Suh   Mary S. Kim   Bumyong Choi

KLEAR Textbooks in Korean Language

This textbook series has been developed by the Korean Language Education and Research Center (KLEAR) with the support of the Korea Foundation.

Library of Congress Cataloging-in-Publication Data
The Library of the Congress has catalogued the one-volume edition as follows:
Names: Park, Mee-Jeong, author. | Suh, Joowon, author. | Kim, Mary Shin, author | Choi, Bumyong, author.
Title: Integrated Korean workbook. Beginning / Mee-Jeong Park, Joowon Suh, Mary S. Kim, Bumyong Choi.
Other titles: KLEAR textbooks in Korean language.
Description: Third edition. | Honolulu : University of Hawai'i Press, [2019] | Series: KLEAR textbooks in Korean language.
Identifiers: LCCN 2018060913 | ISBN 9780824877927 (volume 1; pbk.; alk. paper)
Classification: LCC PL913 .P37 2019 | DDC 495.782/421—dc23
LC record available at https://lccn.loc.gov/2018060913

ISBN 978-0-8248-8336-2 (volume 2)

Page design by Sooran Pak

Illustrations by Seijin Han

Audio files for this volume may be downloaded in MP3 format at https://kleartextbook.com.

Printer-ready copy has been provided by KLEAR.

University of Hawai'i Press books are printed on acid-free paper and meet the guidelines for permanence and durability of the Council on Library Resources.

CONTENTS

15 과 쇼핑 [Lesson 15: Shopping]

16 과 음식점에서 [Lesson 16: At a Restaurant]

단어 복습 [Vocabulary Review]

단어 복습 게임 [Vocabulary Review Games]

⑧ 서울에서 In Seoul

CONVERSATION 1

A. For each word you hear, find its matching picture and write the corresponding number in the appropriate space. ▶

1. _____ 2. _____ 3. _____ 4. _____ 5. _____

B. Circle all the words that can be used with the word in the right column as in the example.

이 / 그 / 저 / 여러	쪽
이 / 그 / 저 / 여러	분
이 / 그 / 저 / 여러	거

이 / 그 / 저 / 여러	번
이 / 그 / 저 / 여러	군데

C. Choose the predicate that best describes each picture and write in the box using the polite ~어요/아요 ending.

내리다	주다	타다	가다	사다	걷다

1. 버스를 _____   2. 차에서 _____   3. 공원에서 _____   4. 차로 _____

| 깨끗하다   멀다   따뜻하다   바쁘다   조용하다   춥다 |

5. 도서관이 _____   6. 날씨가 _____   7. 방이 _____   8. 날씨가 _____

D.   Listen carefully and complete the sentences with the appropriate words. Then, complete the campus map based on the information you wrote down. ▶

1.   캠퍼스 _____에 학교 광장이 있어요.   2. 기숙사 _____에 초등학교가 있어요.

3.   우체국 _____에 기숙사하고 꽃집이 있어요.   4. 도서관하고 서점 _____에 슈퍼도 있어요.

5.   학교 광장 _____에 서점하고 기숙사가 있어요.

캠퍼스 지도

 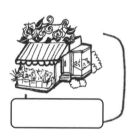

BASE DIALOGUE 1 ▶

영미: 마크 씨, 오늘 날씨가 참 좋지요?

마크: 네, 아주 따뜻해요.

저는 한국의 봄 날씨를 좋아해요.

영미: 저도 그래요.

E. Complete the following conversations as in 1.

1. A: 이 식당은 참 __조용하지요__ ?   B: 네, 정말 __조용해요__ .

2. A: 요즘 서울 날씨가 참 따뜻하지요?   B: 네, 정말 _____ .

3. A: 제 방이 아주 _____ ?   B: 네, 깨끗해요.

4. A: 한국 음악을 자주 _____ ?   B: 네, 자주 _____ .

5. A: 어제 날씨가 _____ ?   B: 네, _____ .

F. Listen carefully and circle the sentence you hear. ▶

1. 테니스 쳤지요?   테니스 치지요?

2. 월요일에 만나지요?   월요일에 만났지요?

3. 내일 시험이죠?   내일 시험 있죠?

4. 어제 시험 어려웠지요?   어제 시험 없었지요?

5. 한국 음식이 좋죠?   한국 음식을 좋아하죠?

G. Based on the English sentences provided, complete the following sentences.

1. It is Tuesday today, isn't it?   오늘 _____ ?

2. You ate lunch, didn't you?   점심 _____ ?

3. The elementary school is in front of the drugstore, isn't it?

   초등학교가 _____ 앞에 _____ ?

4. The spring weather in Seoul is really warm and nice, isn't it?

   서울의 봄 날씨가 정말 _____ 고 _____ ?

BASE DIALOGUE 2 ▶   마크: 여기서 광화문까지 어떻게 가요?

스티브: 162 번 버스를 타고 경복궁 앞에서 내리세요.

광화문은 경복궁 건너편에 있어요.

H. Use the information provided in the table below to complete the following short dialogue, as in 1.

Destination	Transportation	Stop
church	subway line 4	drugstore
department store	bus #59	elementary school
park	bus #467	swimming pool
bookstore	subway line 6	Korean Bank
florist	bus #741	supermarket

1.    A: 여기서 ____백화점____ 까지 어떻게 가요?

   B: 오십구 번 버스를 타고 ____초등학교____ 앞에서 내리세요.

2.    A: 여기서 _____까지 어떻게 가요?

   B: 지하철 4 호선을 타고 _____ 앞에서 내리세요.

3.    A: 여기서 _____까지 어떻게 가요?

   B: _____을/를 타고 수영장 앞에서 내리세요.

4.    A: 여기서 _____까지 어떻게 가요?

   B: _____을/를 타고 _____ 앞에서 내리세요.

5.    A: 여기서 _____까지 어떻게 가요?

   B: _____을/를 타고 _____ 앞에서 내리세요.

I. Listen carefully and fill in the missing information in the table below. ▶

Destination	Transportation	Stop
1. 한국대학교	505 번 버스	
2. 경복궁		광화문역
3.	지하철 1 호선	서울역
4. 광화문 서점		
5.		시청역
6.		

BASE DIALOGUE 3 ▶

스티브:	마크 씨, 제 한국어 교과서 봤어요?
마크:	이게 스티브 씨 책이에요?
스티브:	아니요, 그건 마이클 거예요.

J. Complete the table below.

	이 (this)	그 (that)	저 (that over there)
Full form	이것		
Contracted form			저거
Full form		그것이	
Contracted form	이게		
Full form		그것은	
Contracted form			저건
Full form		그것을	
Contracted form	이걸		
Full form		그것으로	
Contracted form			저걸로

K.   Circle the most appropriate option to complete each sentence.

   1.   [On the phone]

        A: 여보세요('Hello'), [여기 / 거기 / 저기] 꽃집이죠?

        B: 아니요, [여기 / 거기 / 저기] 교회인데요.

   2.   A: 펜이 없어요.

        B: 그래요? 그럼, [이게 / 이건 / 이걸] 쓰세요.

   3.   A: 지난 주말에 다운타운에 갔어요.

        B: [여기서 / 거기서 / 저기서] 뭐 했어요?

   4.   A: 저 꽃도 2 만원이에요?

        B: 아니요, [저게 / 저건 / 저걸] 3 만원이에요.

   5.   A: [이 / 그 / 저], 말씀 좀 묻겠습니다. 이 동네에 서점이 어디 있어요?

        B: 서점은 저기 우체국 옆에 있어요.

L.   Based on the cues provided below, fill in the blanks using 이/그/저 as in 1.

   1.   [A and B are sitting next to each other.]

        A: ___이건___ 누구 책이에요?   B: ___이건___ 민지 거예요.

   2.   [A and B are sitting next to each other. A is pointing at the clock on the wall
        on the other side of the room.]

        A: _____ 뭐예요?   B: _____ 시계예요.

   3.   [A and B are standing next to each other. A is pointing at a person who is
        standing far from both A and B.]

        A: _____ 사람은 누구예요?   B: _____ 사람은 민지 한국어 선생님이세요.

   4.   [A and B are sitting far away from each other in the classroom. A is pointing
        at B's desk.]

        A: _____ 책상 위에는 뭐가 있어요?

        B: _____ 책상 위에는 책하고 연필이 있어요.

   5.   [A and B are standing far from each other in the classroom. A is pointing at
        the desk right in front of him.]

        A: _____ 누구 책상이에요?B: _____ 김 선생님 책상이에요.

CONVERSATION 2

A. For each word you hear, find its matching picture and write the corresponding number in the appropriate space. ▶

[   ]   [   ]   [   ]   [   ]   [   ]

B. Match each word in the left column with the word it is most closely related to in the right column.

극장　　•　　　　　　•　영화

역　　•　　　　　　•　쇼핑

우체국　•　　　　　　•　지하철

초등학교　•　　　　　•　우표

꽃집　　•　　　　　　•　꽃

백화점　•　　　　　　•　학생

C. Fill in each [   ] with the appropriate words.

1. [　　　　　] – 그것 – 저것

2. [　　　　　] – 중학교 – 고등학교

3. 왼쪽 – 가운데 – [　　　　　]

4. 여기 – [　　　　　] – 저기

5. 작년 – 올해 – [　　　　　]

D. Complete the sentences by connecting each item in the left column with the most appropriate predicates in the right column.

말씀 좀   •   • 뵙겠습니다.

처음   •   • 묻겠습니다.

버스에서   •   • 도세요.

꽃집이   •   • 내려요.

왼쪽으로   •   • 보이지요?

BASE DIALOGUE 4 ▶   민수: 안녕하십니까? 이민수입니다.
반갑습니다.
수진: 김수진입니다. 처음 뵙겠습니다.

E. Complete the following table

Dictionary form	Polite ending	Deferential ending (statement)	Deferential ending (question)
가다			갑니까?
걷다		걷습니다	
내리다	내려요		
돌다		돕니다	
먹다			
묻다			
보이다			
조용하다			
춥다			
팔다			

F. Complete the following conversations by changing the words in ( ) to the deferential style.

1. [Minji asks a passerby for directions to a post office.]

   민지: _____(실례하다). 여기 우체국이 어디 _____(있다)?

   남자: 저기 초등학교 보이지요? 우체국은 그 옆에 있어요.

2. [Dongsu introduces himself to his boss on his first day of work.]

   동수: 안녕하십니까? 제 이름은 김동수 _____(이다).

   　　　 만나서 _____(반갑다).

   Boss: 만나서 _____(반갑다)

3. [Minsu is in a job interview.]

   Interviewer:　이름이 뭐예요?

   민수:　　　　이민수 _____(이다).

   Interviewer:　나이가 어떻게 _____(되다)?

   민수:　　　　23세_____(이다).

   Interviewer:　전공이 어떻게 _____ (되다)?

   민수:　　　　한국대학교에서 경제학을 _____(전공하다)

   Interviewer:　주말에는 주로 뭐 _____(하다)?

   민수:　　　　저는 운동을 좋아해서 테니스와 골프를 자주 _____(치다)

G. Listen to the questions and write your own responses in Korean using the deferential style. ▶

   1. _____

   2. _____.

   3. _____.

   4. _____.

   5. _____.

BASE DIALOGUE 5 ▶

마크:	저, 이 근처에 꽃집이 어디 있습니까?
여자:	저기 은행 보이지요?
마크:	네.
여자:	거기서 오른쪽으로 도세요.
	꽃집은 약국 건너편에 있어요.

H. Complete the sentences by filling in the blanks with the appropriate particles from the box below.

┌─────────────────┐
│ 에   에서   (으)로 │
└─────────────────┘

민지: 1. 저, 이 근처_____ 시청역이 어디 있습니까?

여자: 2. 저 앞_____ 우체국 보이지요?

     3. 거기_____ 왼쪽_____ 도세요.

     4. 그럼 왼쪽_____ 은행이 있어요.

     5. 그 앞_____ 오른쪽_____ 도세요.

     6. 그럼 오른쪽_____ 빌딩이 있어요.

     7. 시청역은 그 빌딩 건너편_____ 있어요.

민지: 감사합니다.

I. Using (1) the particle (으)로, (2) the ~(으)세요 form, and (3) the nouns and verbs from the box below, create sentences as in 1. Use the words in the box only once.

연필   영어   집   오른쪽   지하철   가다   쓰다   돌다   말하다   오다

1. _____지하철로_____   _____가세요._____

2. _____   _____

3. _____   _____

4. _____   _____

5. _____   _____

J. Listen to the conversation and circle the appropriate words. ▶

1. To get to the bank, Steve needs to make a [left / right] turn at the [library / bookstore].

2. The bank is right in front of the [post office / department store].

3. To get to City Hall, Steve needs to take subway [line 3 / line 4] and get off at [시청역 / 서울역] to take bus [#104 / #1004].

4. City Hall is located near the [bank / department store].

WRAP-UP EXERCISES

A.   Fill in the blanks with the most appropriate expressions from the box below. Use each expression only once and conjugate with the most appropriate style.

깨끗하다   내리다   따뜻하다   묻다   뵙다   팔다

1.   저, 말씀 좀 _____.

2.   시청역에서 3 호선을 타고, 광화문 역에서 _____.

3.   한국은 삼 월부터 날씨가 _____.

4.   어제 청소를 했어요. 그래서 방이 아주 _____.

5.   처음 _____. 이민수입니다.

B.   Complete the conversation with the most appropriate expressions from the box. Each expression is used only once.

(1) 실례합니다.   (2) 미안합니다.   (3) 감사합니다.   (4) 말씀 좀 묻겠습니다.

A: [   ] [   ] 여기 꽃집이 어디 있습니까?

B: [   ] 여기는 저도 잘 몰라요.

C: 제가 알아요. 저기 우체국이 보이지요? 꽃집은 그 옆에 있어요.

A: [   ]

C.   Based on the given English sentences, complete the following Korean sentences.

1.   Whose bicycle is this? _____ 누구 _____?

2.   Turn left over there. _____ 왼쪽으로 _____.

3.   Excuse me. May I ask you something? 실례합니다. _____.

4.   Where is the bookstore in this neighborhood? 이 동네에 _____?

5.   The spring weather in Seoul is really warm and nice, isn't it?

_____?

D. Fill in the blanks as you listen to the passage.

안녕하십니까? 제 이름은 김유미_____. 저는 지금 대학교 기숙사에 _____.

기숙사가 아주 _____ 좋습니다. _____ 우리 학교 동네 지도입니다. 동네

_____에는 교회가 있습니다. _____에는 음악 학교가 있습니다. 기숙사

_____에는 학교 서점이 있습니다. 서점 _____에는 슈퍼가 있습니다. 슈퍼

_____에는 커피숍과 식당들이 있습니다. 식당들은 싸고 _____. 학교

_____에는 공원이 있습니다. 아주 _____ 조용합니다.

E. Read the following passage about Minji's parents and answer the questions in Korean using complete sentence.

우리 부모님은 서울에 삽니다. 동네가 아주 깨끗하고 조용합니다. 동네 가운데에는 공원이
있습니다. 공원이 아주 넓고 예쁩니다. 그 공원에서 주말에 사람들은 자전거를 탑니다. 공원
안에는 테니스장도 있습니다. 공원 건너편에는 고등학교가 있고 고등학교 옆에는 서점이
있습니다. 서점에서는 동네 지도를 팝니다. 서점 앞에는 지하철역이 있습니다. 우리 부모님
동네에는 지하철 3 호선을 타고 갑니다. 공원 옆에는 동네 도서관이 있습니다. 도서관 옆에는
백화점도 있습니다. 백화점이 아주 크고 좋습니다. 백화점 건너 편에는 우체국하고 꽃집하고
커피숍이 있습니다. 그리고 도서관 건너편에 교회가 있습니다. 우리 부모님 동네는 정말
좋습니다.

1. Where do people go bike riding in the town?   _____

2. Where can people buy the town map?   _____

3. How does Minji go to her parents' house?   _____

4. What places are located next to the library?   _____

5. Which place is **not** located across from the department store?
     (a) post office   (b) flower shop   (c) bookstore   (d) coffee shop

F.   Based on E, complete the map below.

[우체국/꽃집/커피숍]

G.   Listen to the passage and draw a map of 유미's neighborhood based on what you hear. ▶

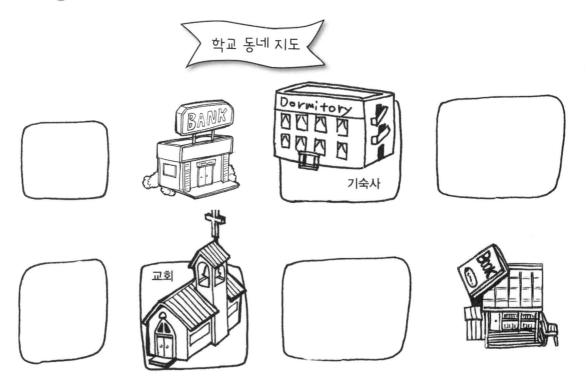

H. Minsu, Mark, and Youngmi are at different places in the neighborhood. Help
    them get to their destination by completing their conversations based on their
    location on the map.

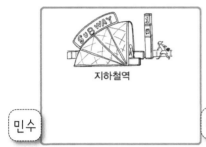

1. 민수: 여기서 은행은 어떻게 갑니까?

    여자: 저기 우체국 보이지요?

    민수: 네.

    여자: 거기서 오른쪽으로 _____. 은행은 서점 _____에 있어요.

2. 마크: 여기서 공원은 어떻게 갑니까?

    남자: 저기 _____?

    마크: 네.

    여자: 거기서 _____. 그리고 쭉 _____.

        공원은 _____ 건너편에 있어요.

3. 영미: 여기서 도서관은 _____?

    여자: _____?

    영미: _____.

    여자: _____. _____.

I.   Write about your hometown (e.g., weather, restaurants, interesting places) in the deferential style.

_____

_____

_____

_____

_____

생일 Birthday

CONVERSATION 1

A. Choose the word that best describes each picture and write it below the corresponding picture.

건물	돈	돌잔치	모자	번호	편지

1234..					

B. Match each noun in the left column with the most appropriate predicate in the right column.

방학이 •   • 축하하다

생일을 •   • 오다

(친구한테서) 선물을 •   • 보내다

(친구한테서) 전화가 •   • 받다

(친구한테) 편지를 •   • 길다

C. Listen and write down the dates that you hear in Arabic numerals (e.g., 1, 2, 3). ▶

1. _____   2. _____

3. _____   4. _____

5. _____   6. _____

BASE DIALOGUE 1 ▶

스티브:	리사 씨, 주말에 뭐 했어요?
리사:	지난 토요일이 제 생일이었어요.
	그래서 집에서 친구들하고 생일 파티했어요.
스티브:	아, 축하해요. 생일 선물 많이 받았어요?
리사:	네, 친구들한테서 많이 받았어요.

D.   Fill in the blanks with ~에 or ~에서.

1.   저는 매주 일요일에 서울 집_____ 전화를 해요.   2.   소피아는 홍콩_____ 왔어요.

3.   이번 주말에 기숙사_____ 파티를 할 거예요.   4.   민지 씨, 학교_____ 전화 왔어요.

5.   제 룸메이트는 여름 방학에 중국_____ 갈 거예요.

E.   Fill in the blanks with ~한테, ~께, or ~한테서.

1.   친구_____ 생일 선물을 받았어요.   2. 저는 부모님_____ 매일 전화해요.

3.   오늘 동생_____ 전화가 올 거예요.   4. 누구_____ 그 얘기를 들었어요?

5.   오늘 선생님_____ 이메일을 보냈어요.   6. 어제 부모님_____ 전화를 했어요.

7.   동생_____ 그 얘기를 들었어요.   8. 저녁에 친구_____ 놀러 갈 거예요.

F.   Create sentences using the keywords given and the most appropriate particles from the box below, as in 1.

을/를   께   에   에서   한테   한테서

1. 동생, 선물, 주다   →   _____동생한테 선물을 줬어요._____

2. 학교, 전화, 받다   →   _____.

3. 어머니, 선물, 보내다 →   _____.

4. 집, 편지, 받다   →   _____.

5. 선생님, 카드, 쓰다   →   _____.

6. 친구, 한국어, 배우다 →   _____.

7. 형, 이메일, 오다   →   _____.

G. Listen to the questions and write your own responses in Korean using complete sentences. ▶

1. _____ .

2. _____ .

3. _____ .

4. _____ .

5. _____ .

BASE DIALOGUE 2 ▶   스티브: 생일에 무슨 선물 받았어요?

리사: 예쁜 모자하고 재미있는 책을 받았어요.

H. Fill in the table below with the appropriate noun-modifying forms and nouns.

Dictionary form	Noun-modifying form	Noun	Dictionary form	Noun-modifying form	Noun
좋다	좋은	친구	맛있다		
예쁘다			크다		
싸다			짧다		
길다			쉽다		

I. Complete the following sentences based on the English cues provided.

1. I lived in a very small room last semester.

    → 저는 지난 학기에 아주 _____ 살았어요.

2. My friend bought expensive clothes yesterday.

    → 어제 제 친구가 _____ 샀어요.

3. My parents are living in a very clean town.

    → 제 부모님께서는 아주 _____ .

4. There are many difficult questions in the exam.

→ 시험에 _____ 많았습니다.

5. I read an uninteresting book last winter vacation.

→ 저는 지난 겨울 방학에 _____.

J. From the box below, choose all the adjectives that go with the nouns provided and change them to noun-modifying forms.

가깝다	고맙다	넓다	따뜻하다	덥다
많다	반갑다	어렵다	조용하다	흐리다

1. _____ 극장

2. _____ 사람

3. _____ 날씨

4. _____ 집

K. Listen to the conversation between Sophia and Mark and answer the questions in Korean using the deferential ending. ▶

1. 마크는 주말에 뭐를 했습니까?   _____.

2. 마크의 생일은 며칠입니까?   _____.

3. 마크는 언제 생일 파티를 할 겁니까?   _____.

4. 소피아의 생일은 언제입니까?   _____.

5. 소피아는 작년 생일에 무엇을 했습니까?

_____.

6. 소피아는 작년 생일에 무슨 선물을 누구한테서 받았습니까?

_____.

CONVERSATION 2

A. Listen carefully and write the words you hear. ▶

1. _____   2. _____

3. _____   4. _____

5. _____   6. _____

B. Choose the word that best describes each picture and write it below the
    corresponding picture.

가족	딸	아들	할머니	할아버지

C. Match each noun in the left column with the most appropriate predicates in the
    right column.

사진   •   • 건강하세요

잔치   •   • 드릴 거예요

부모님   •   • 찍었어요

선물   •   • 즐거웠어요

연세   •   • 많으세요

BASE DIALOGUE 3 ▶

마크:	제니 씨, 주말에 바빴어요?
제니:	네, 일요일이 할머니 생신이었어요.
마크:	할머니 연세가 어떻게 되세요?
제니:	올해 일흔 다섯이세요.

D. Match each plain form in the left column with its corresponding honorific form in the right column.

생일 •   • 연세

집 •   • 분

이름 •   • 말씀

나이 •   • 생신

사람 •   • 성함

말 •   • 댁

E. Match each plain form in the left column with its corresponding honorific or humble form in the right column.

먹다 •   • 뵙다

있다 •   • 돌아가시다

자다 •   • 계시다

보다 •   • 드리다

죽다 •   • 주무시다

주다 •   • 드시다

F. Circle the most appropriate word to complete each sentence.

1. 저는 제 여동생[께 / 께서 / 한테 / 한테서] 매일 전화를 해요.

2. 제 부모님[께 / 께서는 / 은 / 이] 서울에 사십니다.

3. 선생님[께 / 께서 / 한테 / 한테서] 학교[께 / 에서 / 한테 / 한테서] 전화를 받으셨어요.

4. 우리는 이번 할머니 생신[께 / 께서 / 에 / 에서] 할머니[께 / 께서 / 한테 / 한테서] 예쁜 꽃을 선물할 거예요.

5. 지난 생일에 할아버지[께 / 께서 / 한테 / 한테서] 저[께 / 께서 / 한테 / 한테서] 생일 선물로 돈을 주셨어요.

BASE DIALOGUE 4 ▶

마크:	할머니께 무슨 선물 드렸어요?
제니:	스웨터하고 장갑을 드렸어요.
마크:	할머니께서 선물을 많이 좋아하셨지요?
제니:	네, 아주 좋아하셨어요.

G. Fill in the table with the appropriate ~(으)시 honorific forms.

가다	가요	가세요	가셨어요	가실 거예요
배우다				
보내다			보내셨어요	
바쁘다				
앉다	앉아요			
걷다				
즐겁다				
살다				
운동하다				운동하실 거예요

H. Identify an error in the honorific expressions used in the following sentences and correct the error without changing the meaning of the sentence, as in 1. Each sentence contains only ONE error.

1. 할아버지께서 서울에 <u>살아요.</u> → 사세요

2. 제 친구 어머니께서는 매일 공원에서 걸어요. →

3. 작년에 제 할아버지가 돌아가셨어요. →

4. 선생님이 저한테 이메일을 보내셨습니다. →

5. 우리는 이번 어머니 생신에 어머니께 선물을 줄 거예요. →

6. 지금 부모님께서 집에 없어요. →

I. Change the following sentences using the honorific expressions without changing the meaning of sentences.

　　1. 집이 어디예요?　　　　→

　　2. 이름이 뭐예요?　　　　→

　　3. 몇 살이에요?　　　　　→

　　4. 밥 먹었어요?　　　　　→

　　5. 잘 자요.　　　　　　　→

　　6. 할머니 생일이 언제예요? →

J. Listen to the questions and write your own responses in Korean using complete sentences. ▶

　　1. _____ .

　　2. _____ .

　　3. _____ .

　　4. _____ .

　　5. _____ .

BASE DIALOGUE 5 ▶　　마크:　할머니께서 건강하세요?

　　　　　　　　　　　제니:　네, 연세는 많으시지만 아주 건강하세요.

K. Change the following predicates into the ~지만 form, as in 1.

　　1. 많아요 → _많지만_　　2. 커요　　　 → _____　　3. 예뻐요 → _____

　　4. 멉니다 → _____　　5. 어려웠어요 → _____　　6. 조용해요 → _____

L.   Use the ~지만 forms in K to create your own sentences, as in 1.

1.   _____ 화학 수업은 숙제는 좀 많지만 아주 재미있어요. _____

2.   캠퍼스가 _____.

3.   가방이 _____.

4.   집에서 학교까지 _____.

5.   _____.

6.   _____.

M.   Based on the information provided in the table below, use ~지만 to create five
sentences about Minji and Minji's sisters, as in 1.

	민지	민지 언니	민지 여동생
They live…	뉴욕	서울	서울
They are…	대학생	대학원생	대학생
They study…	생물학	생물학	경제학
They like…	운동	음악	컴퓨터 게임
They cannot…	골프	수영	수영

1.   _____ 민지는 대학생이지만 민지 언니는 대학원생이에요. _____

2.   _____.

3.   _____.

4.   _____.

5.   _____.

6.   _____.

N. Listen to the conversation between Lisa and Mike and choose the correct answer to each question. ▶

1. 마이크 할아버지 생신은 언제입니까?

   (a) this Friday   (b) this Saturday   (c) this Sunday

2. 마이크 씨 할아버지는 연세가 어떻게 되십니까?

   (a) 80   (b) 83   (c) 84

3. 마이크 씨 가족은 이번 할아버지 생신에 뭐를 할 겁니까?

   (a) having dinner at a Korean restaurant   (b) having dinner at home

   (c) having a big party at a Korean restaurant   (d) having a big party at home

4. 마이크는 누구하고 같이 할아버지께 선물을 드릴 겁니까?

   (a) his parents   (b) his older brother   (c) his older sister

5. 마이크는 할아버지께 무슨 선물을 드릴 겁니까?

   (a) gloves & hat   (b) sweater & hat   (c) gloves & sweater

WRAP-UP EXERCISES

A. Write the corresponding Korean loanwords for the English words given.

1. E-mail _____ 　　2. Sweater _____

3. Market _____ 　　4. Card _____

5. Building _____ 　　6. Party _____

B. Circle the word you hear. ▶

1. 선물　　　건물　　　　　2. 작년　　　장갑

3. 생일　　　생신　　　　　4. 2011 년　　　2012 년

5. 아이　　　나이　　　　　6. 돈　　　돌

7. 걸어요　　　길어요　　　　8. 12 월 11 일　　　11 월 12 일

9. 드셨어요　　　드렸어요　　　10. 찍어요　　　죽어요

C. Complete each set of words by writing in the word that is most closely related to the words given.

1. _____ – _____ – 내년

2. _____ – 오늘 – 내일

3. 수요일 – _____ – 금요일

4. 오 월 – _____ – 칠 월 – _____

5. 가족: _____ – 할머니 – 아버지 – 어머니 – 딸 – _____

6. 이름 – _____ (honorific)

7. 죽었어요 – _____ (honorific)

8. 방학이 깁니다 – 방학이 _____ (antonym)

D.   Construct a sentence using the words given in brackets, as in 1.

1.   [어제, 친구, 재미있다, 책, 주다]

   어제 친구한테 재미있는 책을 줬어요.
   _____

2.   [오늘, 학교, 전화, 받다]

   _____.

3.   [가끔, 할머니, 편지, 쓰다]

   _____.

4.   [매일, 어머니, 맛있다, 음식, 만들다]

   _____.

5.   [여동생, 나, 자주, 이메일, 보내다]

   _____.

6.   [오늘, 수업, 선생님, 저, 질문하다]

   _____.

E.   Translate the following sentences into Korean. Do not omit the particles.

1.   My teacher's house is close to school.

   _____.

2.   How old is your grandfather?

   _____?

3.   Last week, I sent my grandfather a small present.

   _____.

4.   My dormitory is clean and quiet but far from campus.

   _____.

5.   Minji's older brother bought a very big, nice, and expensive car.

   _____.

F.　Read the following passage about Mark and answer the questions in English.

> 내일 금요일이 우리 할머니 생신입니다. 그래서 오늘 저는 아버지, 어머니하고 할머니 생신 잔치를 준비했습니다. 청소도 하고, 장도 보고, 맛있는 음식도 만들었습니다. 내일 저녁에 오랜만에 집에 가족들이 모두 모일* 겁니다. 할머니께서는 올해 연세가 일흔일곱이시지만 아주 건강하십니다. 매일 아침 공원에서 운동하시고 친구분들하고 자주 만나십니다. 할머니께서는 책과 음악도 아주 좋아하십니다. 내일 점심에는 누나하고 같이 할머니 생신 선물을 사러 백화점에 갈 겁니다. 아마 따뜻한 장갑과 모자를 선물할 겁니다. 작년 생신에는 재미있는 책과 예쁜 꽃을 드렸습니다. 부모님께서는 아마 돈을 드릴 겁니다. 저는 할머니께 카드도 쓸 겁니다.　　　　모이다*'to gather'

1.　마크는 오늘 뭐 했습니까?

_____

2.　할머니 생신은 언제입니까?

_____

3.　올해 할머니 연세는 어떻게 되십니까?

_____

4.　할머니는 무엇을 좋아하십니까?

_____

5.　마크는 작년 할머니 생신에 무슨 선물을 했습니까?

_____

6.　이번 할머니 생신에는 무엇을 드릴 겁니까?

_____

G. Write a short passage about your birthday this year and/or last year (e.g., what you did, what you are planning to do, what presents you received or want to receive…).

_____

_____

_____

_____

_____

_____

_____

H. You are planning to throw your best friend a birthday party. Write an email invitation that you are going to send out. Include the date, time, and place of the party.

_____

_____

_____

_____

_____

_____

10 연구실에서 At a Professor's Office

CONVERSATION 1

A. For each word you hear, find its matching picture and write the corresponding number in the appropriate space. ▶

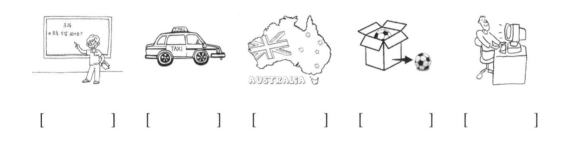

[   ]   [   ]   [   ]   [   ]   [   ]

B. Make complete sentences by connecting the most appropriate clauses together.

1. 수업에 늦어서   •   • 감사합니다.

2. 지난 학기부터 한국어 공부를   •   • 듣고 싶어요.

3. 예쁜 선물을 주셔서   •   • 죄송합니다.

4. 다음 학기에는 한국 문화 수업을   •   • 시작했어요.

5. 어제 학교 앞 공원에서 친구하고 같이 •   • 놀았어요.

C. Choose the most appropriate word for each sentence.

1. 이번 주말은 _____ 집에서 쉬고 싶어요.   a. 그냥   b. 아마   c. 가끔

2. 민지는 오늘 시험이 많아서 _____ 바빠요.   a. 자주   b. 오래   c. 굉장히

3. 박 선생님은 삼 년 _____ 한국어를 가르치셨어요. a. 동안   b. 그냥   c. 가끔

4. 저는 매일 아침 _____ 일어나서 공원에서 운동해요. a. 일찍   b. 아마   c. 굉장히

BASE DIALOGUE 1 ▶	마크:	민지 씨, 어디 가세요?
	민지:	친구 만나러 시청역에 가요.
	마크:	주말에는 차가 많이 막히는데, 지하철을 타세요.
	민지:	네, 고마워요.

D.   Complete the table below.

	Present	**Past**
가다	가는데	
먹다		먹었는데
듣다		
놀다		
있다		
싶어 하다		
시작하다		

	Present	**Past**
좋다	좋은데	
예쁘다		작았는데
멀다		
춥다		
학생이다		
싶다		
죄송하다		

E.   Combine each pair of sentences using the correct form of ~(으)ㄴ데/는데.

1.   한국어를 배워요 / 재미있어요

→ _____한국어를 배우는데 재미있어요._____

2.   마크는 호주 사람이에요 / 한국어를 굉장히 잘 해요

→ _____

3.   경제학 수업은 재미있어요 / 숙제가 많아요

→ _____

4.   기숙사에 살아요 / _____

→ _____

5.   어제 공부를 많이 했어요 / _____

→ _____

F. The following is Mark's personal information. Complete the sentences by providing the most appropriate background information using ~는데.

2 학년이에요. 내년에 한국에 가요. 수영을 좋아해요. 호주에서 왔어요. 지난 주말에 한국 식당에 갔어요.

1. 마크는 _____2 학년인데_____ 이번 학기에 3 학년 수업을 많이 들어요.

2. 마크는 _____ 주말에만 학교에서 수영을 해요.

3. 마크는 _____ 미국 문화도 잘 알아요.

4. 마크는 _____ 한국에서 한국어와 한국 문학 수업을 들을 거예요.

5. 마크는 _____ 한국 음식이 너무 맛있었어요.

G. Complete the dialogues using ~는데/(으)ㄴ데.

1.
   A: 지금 _____1 시 30 분인데_____ 점심 안 먹어요?
   B: 2 시쯤 먹을 거예요.

2.
   A: 날씨도 _____ 어디 가요?
   B: 수영하러 가요.

3.
   A: _____ 우산 있으세요?
   B: 아니요, 없어요.

4.
   A: 이번 학기에 무슨 수업 들으세요?
   B: _____ 어려워요.

5.
   A: 어제 뭐 했어요?
   B: 공원에서 친구하고 _____ 굉장히 재미있었어요.

BASE DIALOGUE 2 ▶	마크:	안녕하세요, 교수님.
	교수님:	네, 어떻게 오셨어요?
	마크:	한국 문화를 전공하는데,
		이번 학기에 한국어 수업을 듣고 싶습니다.

H. Answer the questions as in 1.

1.

   A: 오늘 저녁에 뭐 하고 싶어요?

   B: _____친구하고 영화를 보고 싶어요._____

2.

   A: 이번 주말에 뭐 하고 싶어요?

   B: 학교 수영장에서 _____.

3.

   A: 동생은 대학에서 뭐 전공하고 싶어 해요?

   B: 경제학을 _____.

4.

   A: 봄 방학에 뭐 하고 싶어요?

   B: 그냥 집에서_____.

5. 한국어수업

   A: 민지는 다음 학기에 무슨 수업 _____?

   B: 민지는 한국어 수업을 _____.

I. Create sentences as in 1.

1. 민지 / 영화 / 보다   <u>　　민지는 영화를 보고 싶어 해요.　　</u>

2. 마크 / 책 / 읽다   <u>　　　　　　　　　　　　　　　　</u>.

3. 린다 / 한국 / 여행하다   <u>　　　　　　　　　　　　</u>.

4. 저 / 커피 / 마시다   <u>　　　　　　　　　　　　　</u>.

5. 어머니 / 친구 / 만나다   <u>　　　　　　　　　　　</u>.

6. 나 / 한국 음식 / 먹다   <u>　　　　　　　　　　　</u>.

J. Complete each person's statement about what they want to do after graduation.
Then complete the sentences below to report about what they want to do. (Hint:
You are reporting from a 3rd person point of view.)

1. 영미는 한국을 <u>　　　　　　　　　　　</u>.

2. 마이클은 한국에서 영어를 <u>　　　　　　　　　　　</u>.

3. 샌디는 뉴욕에서 <u>　　　　　　　　　　　</u>.

4. 스티브는 대학원에 <u>　　　　　　　　　　　</u>.

BASE DIALOGUE 3 ▶

마크:	오후에 수업 있어요?
민지:	아니요, 없는데요.
마크:	그럼 저하고 같이 영화 보러 가요.
민지:	네, 좋아요.

K.   Complete the dialogues using ~는/(으)ㄴ데요.

1.
   A: 오늘 날씨가 추워요?

   B: 아니요, 오늘 날씨가 아주 ___좋은데요___.

2.
   A: 이 옷 어때요? 너무 작아요?

   B: 아니요, _____.

3.
   A: 교수님 지금 연구실에 계세요?

   B: 네, _____.

4.
   A: 주말에는 서울에 차가 많이 없지요?

   B: 아니요, _____.

5.
   A: 이번 주말에 시간 있으세요?

   B: 아니요, _____.

L.   Respond to the sentences that you hear using the ~(으)ㄴ데요/는데요 form to express disagreement, denial, or rejection. ▶

1. ___오늘은 시간 없는데요.___   2. _____

3. _____   4. _____

5. _____   6. _____

CONVERSATION 2

A. Choose the word that best describes each picture and write it below the corresponding picture.

가수	교통	이사	머리	지하철

B. Match the nominal elements in the left column with the most appropriate predicates in the right column.

1. 의자가   •   • 막혀요.
2. 길이   •   • 늦었어요.
3. 수업에   •   • 아파요.
4. 머리가   •   • 불편해요.
5. 지하철이   •   • 빨라요.

C. Fill in the blanks with the most appropriate adverb from the box below. Use each adverb only once.

모두	무척	일찍	직접	그렇지만

1. 저는 요즘 시험이 많아서 _____ 바빠요.

2. 영화관에 _____ 가는 버스가 없어서 택시를 탔어요

3. 제 친구들은 _____ 한국 음식을 잘 먹어요.

4. 피곤해서 집에 _____ 가서 쉬고 싶어요.

5. 아침에 차가 많이 막혔어요. _____ 학교에 안 늦었어요.

BASE DIALOGUE 4 ▶

미나:	보통 학교에 어떻게 와요?
마크:	차가 많이 막혀서 지하철로 와요. 미나 씨는요?
미나:	저는 버스가 편하고 싸서 버스를 타요.

D. Fill in the blanks with the verbs in parentheses using the causal ~어서/아서. Then, complete the sentences by connecting each of the clauses in the left column with the most appropriate clause in the right column.

1. 밥을 많이 (먹다)＿＿＿＿＿＿   •   • 지하철을 탔어요.

2. 교통이 (막히다)＿＿＿＿＿＿   •   • 오후에 영화를 볼 거예요.

3. 오늘 늦게 (일어나다)＿＿＿＿＿＿   •   • 친구를 못 만나요.

4. 한국에 가고 (싶다)＿＿＿＿＿＿   •   • 배가 아파요.

5. 요즘 너무 (바쁘다)＿＿＿＿＿＿   •   • 한국어를 배워요.

6. 오늘 수업이 (없다)＿＿＿＿＿＿   •   • 수업에 늦었어요.

E. Construct full sentences based on the pictures given.

1.    A: 요즘 왜 운동을 못 해요?

    B: 너무 (바쁘다)＿＿바빠서＿＿ 운동을 못 해요.

2.    A: 왜 수업에 늦었어요?

    B: 교통이 ＿＿＿＿＿＿＿＿＿＿＿ 늦었어요.

3.    A: 왜 공부해요?

    B: 내일 ＿＿＿＿＿＿＿＿＿＿ 공부해요.

4.    A: 왜 집에 있어요?

    B: 날씨가 ＿＿＿＿＿＿＿＿＿＿＿ 그냥 집에 있어요.

5. A: 왜 집에 일찍 갔어요?

   B: 머리가 _____ 집에 갔어요.

6. A: 왜 택시를 탔어요?

   B: 수업에 _____ 택시를 탔어요.

F. Combine each pair of sentences using the correct form of ~어서/아서.

1. 오후에 수업이 없다 / 테니스를 치다

   → _____ 오후에 수업이 없어서 테니스를 쳐요. _____

2. 날씨가 덥다 / 수영하다

   → _____.

3. 교통이 복잡하다 / 지하철로 학교에 가다

   → _____.

4. 한국어를 배우고 싶다 / 서울에 가다

   → _____.

5. 집에서 마켓까지 가깝다 / _____

   → _____.

6. 택시가 빠르다 / _____

   → _____.

G.   Fill in the blanks as you listen to the conversation. ▶

A: 오늘 (1) _____ 오후에 같이 쇼핑하러 가요.

B: 미안해요. 오후에 저는 (2) _____ 오늘은 (3) _____.

A: 그럼, 이번 토요일은 어때요?

B: 같이 (4) _____, 토요일에는 뉴욕에서 (5) _____ 시간이 없어요.

다음 주말에는 (6) _____ 다음 토요일 괜찮아요?

A: 네, 좋아요.

H.   Listen to the questions and provide your own responses using the causal
     ~어서/아서. ▶

1.   _____.

2.   _____.

3.   _____.

4.   _____.

5.   _____.

BASE DIALOGUE 5 ▶   수지: 집에서 학교까지 직접 오는 버스가 있어요?

마크: 아니요. 직접 오는 버스가 없어서 지하철을 타고 와요.

I.   Complete the table below.

	~어서/아서	~는
가다	가서	
먹다		먹는
듣다		
놀다		
막히다		
들어오다		
이사하다		
싫어 하다		

	~어서/아서	~(으)ㄴ
좋다		
늦다		늦은
아프다		
빠르다	빨라서	
멀다		
춥다		
불편하다		
싶다		

J.   Fill in the blanks with the most appropriate verbs from the box below using the noun-modifying form ~ 는. Use each word only once.

> 가르치다   듣다   살다   이사하다   읽다   주무시다   치다

1.   다음 학기에 한국어 수업을 ____듣는____ 사람이 누구예요?

2.   이 분은 한국어를 _____ 선생님이세요.

3.   저기에서 신문을 _____ 분은 제 아버지세요.

4.   우리 반에는 기숙사에 _____ 학생들이 많아요. 그런데

     기숙사가 너무 좁아서 아파트로 _____ 학생들도 있어요.

5.   마크는 주말마다 저와 테니스 _____ 친구예요.

6.   이 방은 제 할아버지께서 _____ 방이에요.

K. Complete the following dialogues by filling in the blanks with the appropriate words from the box below. In each number, use one word from (a) and (b) for the blanks.

(a)	가수 교수님 기숙사 도서관 룸메이트 커피숍
(b)	가르치다 노래하다 마시다 사다 살다 읽다

1. A: ___가수___ 는 뭐 하는 사람이에요?   B: ___노래하___ 는 사람이에요.

2. A: _____은/는 뭐 하는 곳이에요?   B: 학생이 책을 _____ 곳이에요.

3. A: _____은/는 뭐 하는 분이세요?   B: 대학교에서 학생들을 _____ 분이세요.

4. A: _____은/는 뭐 하는 곳이에요?   B: 커피를 _____ 곳이에요.

5. A: _____은/는 누구예요?   B: 기숙사에서 같이 _____ 사람이에요.

L. Listen to the description of each person (마이클, 미나, 민수, 샌디, 스티브) in order to find out who is who. Then, write their name in the appropriate space. ▶

[   ] [   ] [   ]   [   ]   [   ]

WRAP-UP EXERCISES

A. Listen to the narration to determine if the following statements are (T)rue or (F)alse. ▶

	Michael came to Korea two years ago.
	Michael studied Korean in America.
	Michael is going to study Korean literature this semester.
	Professor Kim taught Michael back in New York.
T	Michael took the Korean test.
	Michael was 30 minutes late for the test.
	Michael is moving to the dorm next week.

B. Fill in the blanks with the most appropriate words from the box below. Use each word only once, and change the form if necessary.

늦다 들어오다 막히다 편하다 시작하다 아프다 이사하다

1. 오늘 수업에 _____ 죄송합니다.

2. 택시가 빠르고 _____.

3. 지금 방으로 _____ 사람이 제 동생이에요.

4. 아침에는 차가 많아서 길이 많이 _____.

5. 복잡한 문제가 많아서 머리가 _____.

6. 기숙사가 너무 불편해서 아파트로 _____.

7. 민지는 작년에 테니스를 _____ 데, 지금은 무척 잘 해요.

C. Complete the sentence using clausal connective ~(으)ㄴ/는데 or ~어/아서 as in 1.

1. 택시가 (빠르다) __빠른데__ 차가 (막히다) __막혀서__ 지하철을 탔어요.

2. 날씨가 (좋다)_____ 오후에 수업이 (있다)_____ 테니스를 못 쳐요.

3. 오늘 수업이 (없다)_____ 친구를 만나고 (싶다)_____ 친구가 바빠요.

4. 수업에 (늦다)_____ 택시를 (타다) _____ 차가 너무 막혔어요.

5. 마크는 한국 사람(이다)_____ 한국어를 못 (하다)_____ 한국어 수업을 들어요.

6. 수업에 못 (가다) _____ 교수님 연구실에 (가다) _____ 교수님이 안 계셨어요.

D. Based on the information in the box, write sentences about what you or your friends would like to do in the future. Provide the proper background information using ~는데, as in 1.

Current situation	Wish list
저는 내년에 졸업해요	뉴욕에서 일해요
저는 집이 한국이에요	여름에 한국에 가요
마크는 한국 음악을 좋아해요	다음 학기에 한국어 수업을 들어요.
미나는 한국 문학을 전공했어요.	대학원에 가요
스티브는 매일 일찍 일어나요	공원에서 운동을 해요

1. ___저는 내년에 졸업하**는데** 뉴욕에서 일하고 싶어요.___

2. 저는 _____.

3. 마크는 _____.

4. 미나는 _____.

5. 스티브는 _____.

E. Underline the noun-modifying clauses, circle the modified nouns in the sentence, and translate the whole sentence into English.

1. 제가 좋아하는 (과목)은 한국어예요.

    The subject that I like is Korean.
    _____

2. 형이 좋아하는 영화는 액션 영화예요.

    _____.

3. 스티브가 좋아하는 과목은 한국 역사예요.

    _____.

4. 매일 아침 운동을 하는 사람이 제 친구 마이클입니다.

    _____.

5. 지금 제가 읽는 책들은 모두 한국에서 샀어요.

    _____.

F. Translate the clauses in *italics* into Korean.

1. This is *the Korean restaurant that I often go to with my parents*.

    _____.

2. *The person who I waited for in the library* was my girlfriend.

    _____.

3. *The movie that I want to watch this weekend* is a Korean comedy.

    _____.

4. *The classes that I take this semester* are Korean History, Korean Economics, and Korean Language.

    _____.

5. *The friend who I play tennis with every weekend* is Matthew.

    _____.

G. Listen to the conversation and choose the correct answers to the questions. ▶

1. Why was Mark late?

   (a) The bus came late.   (b) He got up late.

   (c) Traffic was jammed.   (d) The subway came late.

2. What did Mark take when coming to school?

   (a) Bus   (b) Subway   (c) Subway and taxi   (d) Bus and taxi

3. According to the professor, what is convenient when coming to school from Seoul Station?

   (a) Taxi   (b) Subway   (c) Bicycle   (d) Bus

H. Complete each Korean sentence based on the following English translations.

1. I am sorry for being late.

   _____ 죄송합니다.

2. Where is the swimming pool that Minji swims in every day?

   민지가 매일 _____ 수영장이 _____?

3. Yumi wants to study Korean in Korea.

   유미는 _____.

4. I ate Korean food yesterday; it was delicious.

   _____.

I. Listen to the conversation to determine if the following statements are (T)rue or (F)alse ▶

1. Mark is taking a Korean language class now.   [T   F]
2. Mark will visit the professor's office.   [T   F]
3. Mark studied Korean in Korea.   [T   F]
4. Mark majors in economics.   [T   F]
5. Mark plans to take a Korean history class.   [T   F]
6. Mark will take a Korean placement test.   [T   F]

J.   Read the following passage and answer the questions using the Korean
      deferential style.

> 저는 이번 학기에 다섯 과목을 듣습니다. 제가 좋아하는 수업은 한국 역사와 한국어
>
> 수업입니다. 저는 하루 수업이 세 과목 있는 날도 있고, 네 과목 있는 날도 있습니다. 수업이 네
>
> 과목 있는 날은 아주 바빠서 점심도 못 먹습니다. 월요일과 수요일에는 세 과목을 듣고 화요일,
>
> 목요일에는 네 과목을 듣습니다. 그리고 저는 일주일에 여덟 시간 학교 서점에서 일도 합니다.
>
> 그렇지만 수업이 없는 시간에는 운동하러 체육관*에 갑니다. 체육관에는 운동하러 오는
>
> 학생들이 굉장히 많습니다. 숙제가 많아서 저녁에는 숙제하러 도서관에 갑니다. 그래서 매일
>
> 바쁩니다. 그렇지만 주말에는 시간이 좀 있습니다. 주말에는 한국어 반에서 같이 공부하는
>
> 친구들하고 영화 보러 갑니다. 제가 좋아하는 영화는 코미디 영화입니다. 지난 주말에도
>
> 영화를 보고 싶었지만 아파서 못 봤습니다.   체육관* 'gym'

1.   마이클 씨는 무슨 수업을 좋아합니까?

      _____.

2.   마이클 씨가 점심을 못 먹는 날은 무슨 요일입니까?

      _____.

3.   수업이 없는 시간에는 무엇을 합니까?

      _____.

4.   주말에는 보통 무엇을 합니까?

      _____.

5.   지난 주말에는 왜 영화를 못 봤습니까?

      _____.

 기숙사 생활 Living in a Dormitory

CONVERSATION 1

A. Choose the word that best describes each picture and write it below the corresponding picture.

갈비	바닷가	잔	청바지	캐나다

B. Match each item in the left column with the most appropriate predicates in the right column.

1. 아침부터 눈이 •   • 사귀어요.

2. 기숙사 방을 •   • 많이 왔어요.

3. 여자 친구를 •   • 혼자 써요.

4. 룸메이트가 •   • 친절해요.

5. 벌써 여름이 •   • 됐어요.

C. Fill in the blanks with the most appropriate expressions from the box below. Use each expression only once, and change the form if necessary.

눈이 오다	되다	사귀다	쓰다	착하다	친절하다

1. 어젯밤에 _____서 차가 많이 막혔어요.

2. 저 사람은 제가 _____는 남자 친구인데, 한국어 수업을 들어요.

3. 스티브는 아주 _____고 _____서 사람들이 아주 좋아해요.

4. 저는 한국어를 가르치는 선생님이 _____고 싶어요.

5. 지금 누구하고 같이 방을 _____고 있어요?

BASE DIALOGUE 1 ▶

마크:	민지 씨, 지금 뭐 해요?
민지:	한국어 숙제하고 있어요. 마크 씨는요?
마크:	전 내일 경제학 시험이 있어요.
	그래서 시험 공부하고 있어요.

D. Complete the dialogue based on the activities shown in the table, as in 1. Please use a progressive form ~고 있다.

지금	어제 오후

1. A: 지금 뭐 해요?

   B: _____운동하고 있어요._____

   A: 어제 오후에 전화했었는데, 뭐 하고 있었어요?

   B: 미안해요. 제 방에서 _노래 부르고 있었어요._

2. A: 지금 뭐 해요?

   B: _____.

   A: 어제 5 시에 파티가 있었는데 왜 안 왔어요?

   B: 피곤해서 방에서 _____.

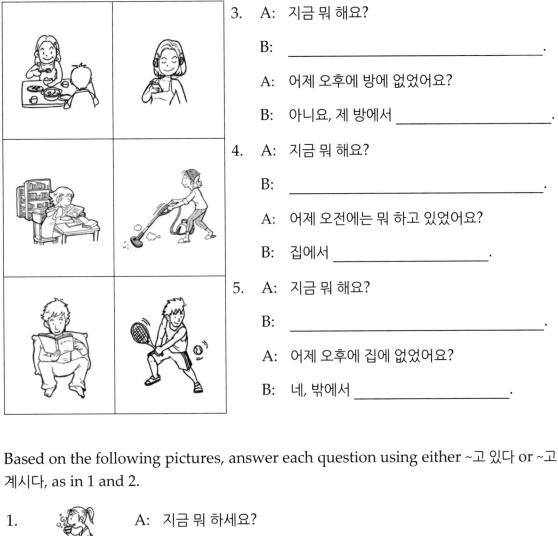

3.　A: 지금 뭐 해요?

　　B: _____.

　　A: 어제 오후에 방에 없었어요?

　　B: 아니요, 제 방에서 _____.

4.　A: 지금 뭐 해요?

　　B: _____.

　　A: 어제 오전에는 뭐 하고 있었어요?

　　B: 집에서 _____.

5.　A: 지금 뭐 해요?

　　B: _____.

　　A: 어제 오후에 집에 없었어요?

　　B: 네, 밖에서 _____.

E.　Based on the following pictures, answer each question using either ~고 있다 or ~고 계시다, as in 1 and 2.

1.　

　　A: 지금 뭐 하세요?

　　B: ___차를 마시고 있어요.___

2.　

　　A: 어머니는 지금 뭐 하세요?

　　B: ___청소하고 계세요.___

3.　

　　A: 마크는 지금 뭐 해요?

　　B: _____.

4.　

　　A: 선생님은 지금 뭐 하고 계세요?

　　B: _____.

5.   A: 어젯밤 7 시에 뭐 하고 있었어요?

      B: _____.

6.   A: 마크하고 여자 친구는 지금 뭐 하고 있어요?

      B: _____.

7.   A: 마크는 어제 공원에서 뭐 하고 있었어요?

      B: _____.

F.   Listen to the description of each person (마이클, 민지, 스티브, 제니, 제인), find who is who, and write their name in the blank below the corresponding picture. ▶

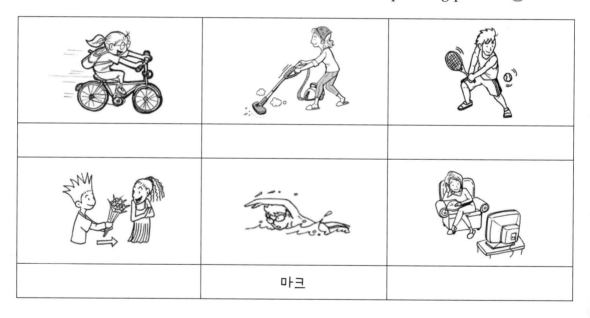

G. Based on the following pictures, answer each question using either ~고 있다 or ~고 계시다, as in 1.

마크   할아버지   유미   마이클

수지   할머니   제인   김 선생님

1. A: 누가 마크예요?

     B: _____지금 운동하고 있는_____ 사람이 마크예요.

2. A: 누가 민수 할머니세요?

     B: _____ 분이 민수 할머니세요.

3. A: 누가 김 선생님이세요?

     B: _____ 분이 김 선생님이세요.

4. A: 누가 마이클이에요?

     B: _____ 사람이 마이클이에요.

5. A: _____ 분이 할아버지세요?

     B: 네, 제 할아버지세요.

6. A: _____ 사람이 유미예요?

     B: 네, 유미예요.

7. A: 운동하고 있는 사람이 수지예요?

     B: 아니요, 수지는 _____ 사람이에요.

8. A: 테니스 치고 있는 사람이 제인이에요?

     B: 아니요, 제인은 _____ 사람이에요.

BASE DIALOGUE 2 ▶

마크:	민지 씨, 내일 시간 있어요?
민지:	네, 시간 있는데요.
마크:	내일 한국 영화 보러 가는데 같이 갈래요?
민지:	그래요, 같이 가요.

H. Complete the table below.

Dictionary Form	~어요/아요	~(으)ㄹ래요
가다		갈래요
걷다	걸어요	
놀다		놀래요
되다	돼요	
만들다		

Dictionary Form	~어요/아요	~(으)ㄹ래요
부르다	좋은데	
사귀다		작았는데
시작하다		
쓰다		
자다		

I. Complete the dialogues using ~(으)ㄹ래요 as in 1.

1. A: 오늘 저녁에 같이 ___운동할래요?___   B: 네, 같이 운동해요.

2. A: 내일 바닷가에 같이 _____?   B: 그래요. 같이 가요.

3. A: 한국어 수업 같이 _____?

    B: 미안해요. 다음 학기에 한국어 수업을 안 들을 거예요.

4. A: 다음 학기부터 저하고 같이 방을 _____? B: 네, 같이 방을 써요.

5. A: 오늘 저녁에 친구들과 같이 _____?

    B: 미안해요. 오늘은 놀 수 없어요. 내일 시험이 있어요.

6. A: 오후에 공원에서 같이 _____?   B: 좋아요. 같이 걸어요.

7. A: 뭘 _____?

    B: 저는 갈비를 _____.

J. Based on the following pictures, complete the dialogues using ~(으)ㄹ래요, as in 1.

1.  A: 햄버거를 ___먹을래요___, 피자를 ___먹을래요___ ?

    B: 햄버거요.

2.  A: 한국어 수업을 _____, 영어 수업을 _____?

    B: 한국어 수업이요.

3.  A: 영화를 _____, 연극을 _____?

    B: 연극을 보고 싶어요.

4.  A: 택시를 _____, _____?

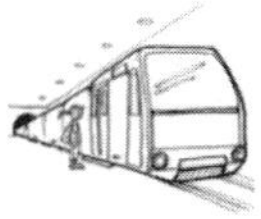

    B: 택시요.

5.  A: _____, _____?

    B: 커피 주세요.

K. Based on your situation, choose the activity that you will want to do most and fill
    in the blank, as in 1.

Activities		
한국을 여행하다 ( )	백화점에서 선물을 사다 ( )	집에서 자다 ( )
바닷가에서 수영하다 ( )	도서관에서 공부하다 ( )	친구와 저녁을 먹다 (1)

1. 이번 주말에 친구가 와요. → _____친구와 저녁을 먹을래요._____

2. 다음 주에 시험이 3 개나 있어요. → _____.

3. 어제 밤에 4 시간 밖에 잠을 못 잤어요. → _____.

4. 이번 여름에 한국에 가요. → _____.

5. 이번 주말이 아버지 생신이에요. → _____.

6. 오늘 날씨가 너무 더워요. → _____.

CONVERSATION 2

A. Choose the word that best describes each picture and write it below the corresponding picture.

골프	기차	연극	인터넷	입구

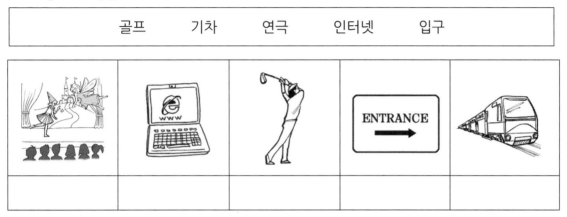

B. Match the words in the left column with the most appropriate predicates in the right column.

1. 춤을   •   • 쉬고 싶어요.

2. 연극 시간을 •   • 들어요.

3. 피곤해서   •   • 출래요.

4. 힘이   •   • 끝났어요.

5. 수업이 일찍 •   • 알아봐요.

C. Find the most appropriate word for each sentence to complete the dialogue.

1. A: _____ 여름이 지나고 가을이 왔어요.

    B: 네, 시간이 정말 빠르지요?

    a. 그냥   b. 벌써   c. 다

2. A: 민지 씨 오늘 수업 끝나고 저하고 같이 테니스 칠래요?

    B: _____, 내일 시험이 있어서 오늘은 공부해야 돼요.

    a. 글쎄요   b. 벌써   c. 그래서

3. A: 지난 주 민지 생일 파티에 친구들이 _____ 왔어요?

    B: 아니요, 리사는 동생이 와서 못 왔고, 마크는 시험 때문에 파티에 못 왔어요.

    a. 다   b. 가끔   c. 벌써

4. A: 마크 씨, 이번 학기에 바빴어요?

    B: 아니요, 수업을 세 개 _____ 안 들어서 괜찮았어요.

    a. 가끔   b. 아마   c. 밖에

D. Fill in the blanks with the most appropriate expressions from the box below. Use each expression only once, and change the form if necessary.

끝나다   보내다   쉬다   알아보다   춤추다   힘이 들다

1. 오늘 수업 _____고 영화 보러 갈래요?

2. 오늘은 머리가 아파서 집에서 좀 _____고 싶어요.

3. 요즘 숙제가 너무 많아서 아주 _____요.

4. 지난 겨울 방학을 어떻게 _____요?

5. 영화 시간은 인터넷으로 _____세요.

6. 오늘 저녁에 _____러 같이 클럽('club')에 가요.

BASE DIALOGUE 3 ▶

미나:	마크 씨, 오늘 오후에 저하고 같이 테니스 칠래요?
마크:	제가 오후 1시부터 6시까지 서점에서 일을 해서,
	오늘은 시간이 없어요. 미안해요.
미나:	아니요, 괜찮아요.

E. Answer the following questions using ~ 부터 ~까지 or ~ 에서 ~까지 as in 1.

1. A: 오늘 도서관 열어요 ('open')?   [7 a.m.–6 p.m.]

    B: ___네, 오전 일곱 시부터 오후 여섯 시까지 열어요.___

2. A: 오늘 연극 시간이 어떻게 돼요?   [6:30 p.m.–9:30 p.m.]

    B: _____예요.

3. A: 학교가 멀어요?   [from home to school / 2 hours]

    B: 네, 좀 멀어요. _____ 차로 두 시간 걸려요.

4. A: 주말에 지하철은 몇 시부터 몇 시까지 있어요?[5 a.m.–11 p.m.]

    B: _____.

5. A: 학교 식당은 몇 시부터 몇 시까지 해요?   [11:00 a.m.–8:30 p.m.]

    B: _____.

6. A: 공원이 멀어요.   [from home to park / 10 minutes]

    B: 아니요, 가까워요. _____ 걸어서 _____.

F. Listen to Minji's daily activities and complete her weekly schedule in the table below. ▶

[Minji's weekly schedule]

월요일	화요일	수요일	목요일	금요일
1:00–2:00 p.m. → Korean Class	_____ – _____ → Lunch with Mina	9:00 a.m. – 12:00 p.m. → _____ _____	_____ – _____ → Play tennis with Mark	_____ – _____ → _____ _____

BASE DIALOGUE 4 ▶

미나:	마크 씨, 다음 주에 시험이 몇 개 있어요?
마크:	두 개밖에 없어요.
미나:	좋겠네요.
마크:	미나씨는 시험이 많아요?
미나:	네, 저는 다음 주에 시험이 다섯 개나 있어요.

G.   Answer the questions using ~(이)나 or ~밖에 by comparing yourself against the average amount expected for each situation, as in 1.

1.   A: 이번 학기에 몇 과목 들어요?   [average: 6 과목 vs. you: 3 과목]

     B: _____ 세 과목밖에 안 들어요. _____

2.   A: 어제 커피를 몇 잔 마셨어요?   [avg.: 2 잔 vs. you: 5 잔]

     B: _____.

3.   A: 어제 몇 시간 공부했어요?   [avg.: 1 시간 vs. you: 4 시간]

     B: _____.

4.   A: 하루에 인터넷 몇 시간 해요?   [avg.: 3 시간 vs. you: 1 시간]

     B: _____.

5.   A: 한국어 반에 학생이 몇 명 있어요?   [avg.: 15 명 vs. your class: 40 명]

     B: _____.

6.   A: 학교에서 집까지 걸어서 얼마나 걸려요?   [avg.: 15 분 vs. you: 5 분]

     B: _____.

H. Based on the pictures and cues provided, created short dialogues, as in 1.

1.   A: 집에서 학교까지 멀어요?

      B: 아니요, 가까워요 걸어서 십 분 밖에 안 걸려요.

2.   A: 커피숍에서 학교까지 _____?

      B: 아니요, 멀어요. 버스로 한 시간이나 걸려요.

3.   A: 도서관에서 교실까지 _____?

      B: 네, 가까워요. _____.

4.   A: _____.

      B: 네, 멀어요. _____.

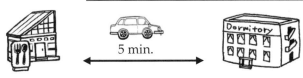

5.   A: _____.

      B: 아니요, 가까워요. _____.

6.   A: _____.

      B: 아니요, 멀어요. _____.

BASE DIALOGUE 5 ▶
민지: 우진 씨, 이번 주말에 같이 영화 볼까요?

우진: 시험이 다섯 개나 있어서, 이번 주말에 공부 해야 돼요.

다음 주말에 같이 볼래요?

민지: 네, 좋아요.

I.   Complete the table below.

Dictionary form	~어요/아요	~(으)ㄹ까요?
끝나다		
듣다	들어요	
만나다		만날까요
멀다		
살다	살까요	

Dictionary form	~어요/아요	~(으)ㄹ까요?
쉬다	쉬어요	
어렵다		어려울까요
알아보다		
찾다		
춤추다		

J.   Based on B's answers, complete the dialogue using ~(으)ㄹ까요?, as in 1.

1.   A: 일요일에도 길이 많이 ___막힐까요___?

     B: 아니요, 일요일은 안 막힐 거예요.

2.   A: 내일 눈이 _____?

     B: 네, 오후에 눈이 올 거예요.

3.   A: 한국 식당에서 마트까지 얼마나 _____?

     B: 차로 30 분쯤 걸릴 거예요.

4.   A: 마크가 언제쯤 집에 _____?

     B: 아마, 저녁 7 시쯤 올 거예요.

5.   A: 한국어 수업이 _____?

     B: 아니요, 아직 안 끝났을 거예요.

6.   A: 경제학 시험이 _____?

     B: 아니요, 아마 쉬울 거예요.

K. Complete the dialogue with the verb in the box using ~(으)ㄹ까요 or ~(으)ㄹ래요 as in 1.

| 공부하다 | 듣다 | 먹다 | 보다 | 쉬다 | 치다 | 하다 |

1. A: 우리 내일 같이 영화 ___볼까요___?

   B: 내일 시험이 있어서 도서관에서 공부할래요.

2. A: 같이 갈비 먹을래요?

   B: 갈비는 비싸서 저는 불고기 _____.

3. A: 늦었는데 택시를 _____?

   B: 차가 많이 막히는데 지하철을 타세요.

4. A: 민지 씨, 오늘 어디서 _____?

   B. 도서관이 조용해서 도서관에서 공부할래요.

5. A: 다음 학기에도 한국어를 _____?

   B: 네, 한국어를 들으세요.

6. A: 같이 테니스 _____?

   B: 날씨가 너무 더워서 저는 수영을 _____.

L. Complete the dialogue using ~(으)ㄹ까요 and ~(으)세요, as in 1.

1. A: 갈비를 먹을까요, 불고기를 먹을까요?   B: 불고기를 드세요.

2. A: 한국어를 _____, 중국어를 _____?   B: 한국어를 들으세요.

3. A: 영화를 _____, 연극을 _____?   B: 연극을 _____.

4. A: 택시를 _____, 지하철을 _____?   B: 택시를 _____.

5. A: 커피를 _____, 차를 _____?   B: 차를 _____.

M.　Circle the most appropriate predicate option to complete each sentence.

　　1.　이번 크리스마스에 눈이 [올까요 / 올래요]?

　　2.　마크는 다음 학기에 한국어를 [들을까요/ 들을래요]?

　　3.　저는 차가 막혀서 지하철을 [탈까요 / 탈래요].

　　4.　한국어 수업이 많이 [어려울까요 / 어려울래요]?

　　5.　오늘은 피곤해서 집에 일찍 [갈까요 / 갈래요].

　　6.　A:　뭐 [드실까요 / 드실래요]?

　　　　B: 저는 갈비를 [먹을까요 / 먹을래요].

N.　Listen carefully to the conversation between Minji and Mark and fill in the blanks below with the missing expression. ▶

　　민지:　마크 씨, 이번 학기에 어떻게 (1) _____?

　　마크:　좀 바빴어요 (2) _____ 매일 수업이 있었어요. 민지 씨는요?

　　민지:　저도 이번 학기에 (3) _____ 들어서 아주 바빴어요.

　　마크:　저는 (4) _____ 안 들었는데, 매일 수업이 있어서 바빴어요.

　　민지:　다음 주말에 시험 끝나고 같이 영화 (5) _____?

　　마크:　네 좋아요. 인터넷으로 같이 (6) _____?

WRAP-UP EXERCISES

A. Listen to the narration about Steve. Determine if the following statements are (T)rue or (F)alse. ▶

	스티브는 올해 한국에 왔어요.
	스티브는 미국에서 왔어요.
	스티브는 지금 기숙사 2 층에 살아요.
	스티브는 이번 학기부터 마크하고 살고 있어요.
	마크는 심리학을 전공해요
T	마크는 착한 학생이에요.
	마크 씨는 한국 음악을 좋아해요.
	우진 씨는 운동을 잘 해요.
	우진 씨는 호주에서 왔어요.

B. Assume that you are visiting your friend in Seoul. Make a wish list of things that you want to do with him/her. Use ~(으)ㄹ래요 to describe where you want to go and/or what you want to do on each day with your friend, as in 1.

Day 1: ___한국 식당에서 맛있는 음식을 먹을래요.___

Day 2: _____.

Day 3: _____.

Day 4: _____.

Day 5: _____.

C. Assume that you are in Korea now and suggest the activities you listed in B to your friend using ~(으)ㄹ까요, as in 1.

Day 1: _____우리 같이 한국 식당에서 맛있는 음식을 먹을까요?_____

Day 2: _____.

Day 3: _____.

Day 4: _____.

Day 5: _____.

D. Translate the following sentences into Korean. Pay particular attention to the underlined parts.

1. I <u>am looking for</u> the entrance to the subway.

    _____.

2. <u>Would you like</u> to drink a glass of water?

    _____?

3. The person <u>who is dancing</u> with Jean is my friend Jack.

    _____.

4. I am taking <u>as many as seven courses</u> this semester.

    _____.

5. I took <u>only three courses</u> last semester.

    _____.

6. <u>Do you think</u> it will snow <u>from morning to evening</u> tomorrow?

    _____?

E.   Fill in the blanks as you listen to the conversation between Linda and Mark. ▶

마크: 린다 씨, 이번 주말에 시간 있어요?

린다: 네, _____ 왜요?

마크: 이번 주 토요일이 제 _____, 저하고 같이 저녁 _____?

린다: 미안해요. 토요일은 _____. 일요일은 어때요?

마크: 일요일 좋아요. 몇 시에 _____?

린다: 저녁 여섯 시 어때요? _____?

마크: 좋아요 뭐 _____?

린다: 오랜만에 한국 음식 _____?

마크: 좋아요. 그럼 저녁 여섯 시 학교 앞 한국 식당에서 만나요.

F.   A and B are planning a birthday party for their friend Minji. Please complete the dialogue by re-ordering the sentences in the table.

A: 다음 주 토요일이 민지 생일이에요.

B: _____

A: 좋아요. 어디에서 파티를 할까요?

B: _____

A: _____

B: 학교 앞 한국 식당에서 음식을 살까요?

A: _____

B: _____

A: _____

B: 그래요. 그럼 제가 선물을 준비할래요.

A: _____

B: _____

A: 그런데, _____

B: _____

A		**B**	
1.	좋아요.음식은 어떻게 할까요?	1.	우리 아파트가 넓고 학교에서 가까운데, 우리 아파트에서 할까요?
2.	불고기하고 갈비를 만들래요.	2.	예쁜 꽃하고 가방을 살래요.
3.	거기는 너무 비싸서, 그냥 제가 한국음식을 만들래요.	3.	금요일에 시험이 끝나서 많이 올 거예요.
4.	파티에 친구들이 많이 올까요?	4	우리 함께 민지 생일 파티를 할까요?
5.	무슨 선물을 살 거예요?	5.	무슨 음식을 만들 거예요?

G. Read the following conversation and answer the questions.

제 이름은 마크입니다. 대학교 삼학년이고 나이는 스물두 살입니다. 저는 학교에서 가까운 아파트에서 룸메이트 세 명하고 같이 살고 있습니다. 제가 살고 있는 아파트에서 학교까지 걸어서 십 분밖에 안 걸립니다. 아파트가 깨끗하고 학교에서 가까워서 아주 편합니다. 아침 아홉 시에 한국어 수업이 있어서 저는 매일 8 시 30 분에 집에서 나옵니다 ('come out'). 이번 학기에 저는 수업을 다섯 과목이나 듣습니다. 한국어 수업이 끝나고 10 시부터 10 시 50 분까지 한국 역사 수업을 듣습니다. 그리고 11 시부터 학교 도서관에서 두 시간 동안 일을 합니다. 2 시부터 3 시 15 분까지는 생물학 수업이 있고 3 시 반부터는 경제학 수업이 있습니다. 5 시에 수업이 다 끝나고 숙제하러 도서관에 갑니다. 저는 보통 저녁 6 시 30 분에 집에 옵니다. 제 룸메이트들이 운동을 좋아해서 저녁에는 룸메이트들하고 자주 운동하러 학교에 있는 체육관('gym')에 갑니다.

1. 마크는 룸메이트가 몇 명 있어요?

   _____.

2. 마크 아파트에서 학교까지 얼마나 걸려요?

   _____.

3. 오후 열두 시에 마크는 어디에 있어요?

   _____.

4. 마크의 학교 수업은 언제 끝나요?

   _____.

5. 마크는 보통 저녁에 룸메이트들과 어디에서 뭘 해요?

   _____.

H. Your Korean friend is visiting your country. Write an email to your friend to suggest activities and give some travel tips to them. Include background information for your suggestions and tips.

보낸 사람: happy1234@kormail.co.kr

받는 사람: funlife0505@ymail.com

제목: 안녕하세요? ^_^

_____ 씨,

잘 지냈어요? 이번에 제가 사는 _____에 와서

너무 좋아요. 우리 같이 _____에서 재미있는

것들을 많이 해요.

12 가족 Family

CONVERSATION 1

A. Choose the word that best describes each picture and write it below the corresponding picture.

결혼하다	기다리다	다르다	자라다	태어나다	피곤하다

1. _____

2. _____

3. _____

4. _____

5. _____

6. _____

B. Write each word under its corresponding category

동부	막내	바지	부엌	셔츠	형제

Clothes	People	Place

C. Connect each statement in the left column with its relevant word in the right column.

1. 저는 형하고 누나는 있는데 동생이 없어요.   •   • 동부

2. 저는 매일 여기서 음식을 만들어요.   •   • 바지

3. 형하고 동생은 제 _____이에요/예요.   •   • 막내

4. 주말에 백화점에 가서 _____을/를 샀어요.   •   • 형제

5. 뉴욕이랑 보스턴은 미국 _____에 있어요.   •   • 부엌

BASE DIALOGUE 1 ▶ A: 어디서 오셨어요?

B: 뉴욕에서 왔어요.

거기서 태어나서 자랐어요.

D. Combine the two sequential events using ~어서/아서 ('and then') as in 1.

1. 한국 음식을 만들었어요. (And then) 친구들하고 먹었어요.

→ _한국 음식을 만들**어서** 친구들하고 먹었어요._

2. 은행에서 돈을 찾았어요. 친구한테 주었어요.

→ _____

3. 편지를 썼어요. 부모님께 보냈어요.

→ _____

4. 가방을 샀어요. 친구한테 선물했어요.

→ _____

5. 시청 앞에서 내리세요. 오른쪽으로 가세요.

→ _____

6. 영미는 마크하고 결혼했어요. 서울에서 살고 있어요.

→ _____

E. Change the words given in parentheses into the sequential ~어서/아서 pattern.
    Then, make sentences by connecting each event in the left column with the most
    appropriate event in the right column.

1. 집에 (가다)   _____가서_____ •   • 앨범을 만들었어요.

2. 선생님이 (되다)   _____ •   • 셔츠하고 바지를 샀어요.

3. 친구를 (만나다)   _____ •   • 자고 싶어요.

4. 뉴욕에서 (태어나다)   _____ •   • 같이 영화를 봤어요.

5. 가족 사진을 (찍다)   _____ •   • 학생들을 가르칠 거예요.

6. 은행에서 돈을 (찾다)   _____ •   • 보스턴에서 자랐어요.

F. Change the words given in parentheses into the 'cause-effect' ~어서/아서 pattern.
    Then, make sentences by connecting each of the 'causes' in the left column with
    its most appropriate 'effect' in the right column.

1. 돈이 (없다)   _____없어서_____ •   • 큰 집에서 자랐어요.

2. 어제 (피곤하다)   _____ •   • 우산을 샀어요.

3. 캐나다에서 (자라다)   _____ •   • 옷을 사러 갔어요.

4. 비가 (오다)   _____ •   • 셔츠를 못 샀어요.

5. 바지가 (불편하다)   _____ •   • 한국어를 잘 못해요.

6. 형제가 (많다)   _____ •   • 일찍 잤어요.

BASE DIALOGUE 2 ▶ | **A:** 형제가 많으세요?
B: 네, 저까지 넷이에요.
오빠가 하나, 동생이 둘이고 제가 둘째예요.

G.   Answer the question based on the images provided for each item, as in 1.
      (Hint: The size and order of the people represent age.)

1.

폴

Q: 형제가 많으세요?

폴: _아니요, 저까지 둘이에요._

      누나가 하나고 제가 막내예요.

2.

유미

Q: 형제가 많으세요?

유미: 네, _____.

      _____고 제가 _____.

3.

제니

Q: 형제가 많으세요?

제니: 네, _____.

      _____고 제가 _____.

4.

미나

Q: 형제가 많으세요?

미나: 아니요, _____.

      _____고 제가 _____.

5.

피터

Q: 형제가 많으세요?

피터: 네, _____.

      _____고 제가 _____.

H. Fill in the blanks using the information provided in English for each item, as in 1.

    1. Myself + 3 younger siblings

       Q: 형제가 많으세요?

       A: _____네, 저까지 네 명이에요._____

    2. Korean class + 5 more

       Q: 이번 학기에 수업이 많으세요?

       A: _____.

    3. History exam + 3 more

       Q: 이번 주에 시험이 많으세요?

       A: _____.

    4. Mark + 4 roommates

       Q: 룸메이트가 _____?

       A: 네, _____ 명 있어요.

    5. Korean homework + 2 more

       Q: 숙제가 _____?

       A: 네, _____ 개 있어요.

I. Listen to the short descriptions about each person's family. Then, find and circle the figure that represents (1) Mark, (2) James, (3) Jenny, and (4) Sophia in each of the following image sets. ▶

   (1) Circle *Mark*   (2) Circle *James*    (3) Circle *Jenny*    (4) Circle *Sophia*

BASE DIALOGUE 3 ▶

A:	다음 주에 동부에서 동생들이 와요.
B:	아, 그래요? 좋겠어요.
A:	네, 너무 좋아요.

J.   Connect the situations in the left column with the adequate reactions using ~겠 in the right column.

1.   이 음식은 한국 룸메이트가 만들었어요. •   • 반갑겠어요.

2.   3일 동안 눈이 와서 길이 막혀요. •   • 따뜻하겠어요.

3.   이번 학기에 졸업해요. •   • 불편하겠어요.

4.   스웨터를 선물 받았어요. •   • 바쁘겠어요.

5.   주말에 오랜만에 친구를 만나요. •   • 맛있겠어요.

K.   Complete the dialogues using ~겠어요. For each of the blanks, use the adjectives provided in the box below and use the past suffix ~었/았 as needed.

미안하다	좋다	피곤하다	춥다	힘들다

1.   A: 어제 잠을 못 잤어요.

   B: _____.

2.   A: 작년에 할머니가 돌아가셨어요.

   B: _____.

3.   A: 약속에 늦어서 친구가 1시간 동안 기다리고 있어요.

   B: 친구한테 _____.

4.   A: 다음 주에 친구들이랑 생일 파티를 해요.

   B: _____.

5.   A: 어제 눈이 왔는데 코트를 안 입고 학교에 갔어요.

   B: _____.

L.　Listen to the questions and write your responses in Korean using complete sentences. ▶

    1. _____.

    2. _____.

    3. _____.

    4. _____.

    5. _____.

CONVERSATION 2

A.   Choose the word that best describes each picture and write it below the corresponding picture.

모자	바지	셔츠	안경	장갑	한복

1. _____   2. _____   3. _____

4. _____   5. _____   6. _____

B.   Match the items on top with the most appropriate color terms at the bottom.

1.    2.   3.   4.   5.

노란색   빨간색   까만색   하얀색   파란색

C.   Match the items in left column with the most appropriate predicates in the right
     column.

     1.   키가   •   • 껴요.

     2.   동생하고   •   • 써요.

     3.   안경을   •   • 입어요.

     4.   한복을   •   • 작아요.

     5.   모자를   •   • 닮았어요.

D.   Fill in the blanks with the most appropriate words from the box below. Use each
     word only once, and change the form if necessary.

나오다	다니다	닮다	입다	찍다

     1.   나는 매일 청바지만 _____.

     2.   가족 사진이 참 잘 _____.

     3.   이 사진은 어디서 _____?

     4.   나랑 동생은 별로 안 _____.

     5.   형님은 동부에서 대학원에 _____.

E. Fill in the blanks with the appropriate verbs from the box below.

끼다	쓰다	입다	하다

입다				

F. Complete the conjugation table below.

Dictionary form	Deferential ending	Polite ending	Noun-modifying form
노랗다 to be yellow	노랗습니다		
빨갛다 to be red		빨개요	
하얗다 to be white			하얀
까맣다 to be black	까맣습니다		
어떻다 to be some way	어떻습니까?		
그렇다 to be so			그런
좋다 to be nice			좋은

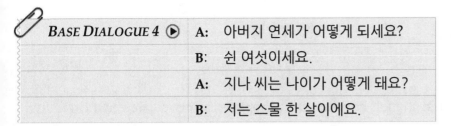

BASE DIALOGUE 4 ▶

A:	아버지 연세가 어떻게 되세요?
B:	쉰 여섯이세요.
A:	지나 씨는 나이가 어떻게 돼요?
B:	저는 스물 한 살이에요.

G. Listen to the questions and answer them in complete sentences based on the family tree provided below. ▶

김철수 (61)　이영미 (56)

김민수 (28)　김민희 (25)　김민지 (22)　김민준 (21)

1. _____.

2. _____.

3. _____.

4. _____.

5. _____.

BASE DIALOGUE 5 ▶   A: 생일 파티 사진인데 보실래요?
                        B: 사진이 참 잘 나왔네요!

H. Connect the situation in the left column with the most appropriate reaction using ~네요 in the right column.

Situation

1. 친구 부모님 사진을 봤어요.   •

2. 룸메이트가 한복을 입었어요.   •

3. 일주일 동안 눈이 왔어요.   •

4. 친구 동생을 만났어요.   •

5. 이 안경은 $500 이에요.   •

Reacting Comment

• (두 분 다) 키가 크시네요!

• 너무 비싸네요!

• 참 예쁘네요!

• 많이 닮았네요!

• 동네가 모두 하얗네요!

I. Based on the **appearances/evidence** provided in the box below, provide the most appropriate reaction using ~네요 "it is . . . !". Use the adjectives provided below.

길다	비싸다	짧다	크다	힘들다

J. Based on the **situational cues** provided in the boxes below, provide the most appropriate reaction using ~겠네요 "It must . . . ! "

 BASE DIALOGUE 6 ▶ A: 저기 모자 쓴 사람이 형님이세요?

B: 네, 우리 형이에요.

K. Fill in the blanks with the appropriate noun-modifying clauses using ~(으)ㄴ, as in 1.

1. 유미가 [영화를 **봤어요**]. (영화가) 재미있어요.

    유미가 ___본 영화___ 가 재미있어요.

2. 마크가 [안경을 **끼었어요**]. (안경은) 아주 비싸요.

    마크가 _____ 아주 비싸요.

3. 제가 어제 [갈비를 **먹었어요**]. (갈비가) 맛있었어요.

    제가 어제 _____ 맛있었어요.

4. 민지가 생일에 [선물을 **받았어요**]. (선물은) 애플 컴퓨터예요.

    민지가 생일에 _____ 애플 컴퓨터예요.

5. 지난 주말에 [친구를 **만났어요**]. (친구가) 한국에 갔어요.

    지난 주말에 _____ 한국에 갔어요.

6. 마이클이 지난 주에 [바지를 **샀어요**]. (바지가) 너무 불편해요.

    마이클이 지난 주에 _____ 너무 불편해요.

L.   Translate the sentences in K into English.

1.   The movie that Yumi watched is interesting.
_____

2.   _____ .

3.   _____ .

4.   _____ .

5.   _____ .

6.   _____ .

M.   There was a burglary in the neighborhood, and police are asking everyone about what they did yesterday. Listen to Yumi's report about her schedule yesterday and connect the time with the relevant event. ▶

| 10:00 a.m. | 10:30 a.m. | 11:15 p.m. | 1:15 p.m. | 2:30 p.m. |

N.   Describe Daniel's family members based on the family portrait, as in 1.

형   어머니   할머니   아버지   누나   동생   다니엘

안녕하세요? 저는 다니엘이에요.

1.   ___한복을 입은___ 분은 우리 할머니세요.

2.   왼쪽에 _____ 사람은 우리 형이에요.

3.   _____ 사람은 우리 누나예요.

4.   _____ 사람은 우리 동생이에요.

5.   가운데 _____ 사람은 우리 아버지세요.

WRAP-UP EXERCISES

A.   Complete the sentences combining one phrase from A and one from B using the sequence ~어서/아서 as in 1.

A.	도서관에 가다	한국어를 배우다	친구를 만나다
	꽃집에 가다	의자에 앉다	아침에 일찍 일어나다
	한국어를 전공하다	(집에 가다)	음식을 만들다
B.	영화를 보다	공부하다	꽃을 사다
	친구하고 같이 먹다	학교에 가다	한국 음악을 듣다
	한국에 가다	(자다)	한국에서 일해요.

1.   집에 가다 & 자다   →   집에 가서 잤어요. _____

2.   _____ .

3.   _____ .

4.   _____ .

5.   _____ .

6.   _____ .

B. Translate the clauses in *italics* into Korean.

1. I grew up in *the city (I) was born in.* (도시 'city')

    저는 _____에서 자랐어요.

2. *The friend I met in high school* is Linda.

    _____는 린다예요.

3. *The class I took last semester* was very interesting.

    _____은 아주 재미있었어요.

4. *The school I attended in New York* is very small.

    _____는 아주 작아요.

5. *The friend who got married* last week is Matthew.

    지난 주에 _____는 매튜예요.

6. I like *the pants I bought* yesterday.

    어제 _____를 좋아해요.

C. Listen to the conversation between Minji and Mark and determine if the following statements are (T)rue or (F)alse. ▶

1. _____ Minji shows her family photo to Mark.

2. _____ Minji's father is 58 years old.

3. _____ The photo was taken last year.

4. _____ Minji's grandmother is wearing yellow traditional Korean clothes in the picture.

5. _____ Minji's brother is a graduate student.

D.　Listen to the questions and write your own responses in Korean using complete sentences. ▶

1.　_____

2.　_____ .

3.　_____ .

4.　_____ .

5.　_____ .

E.　Read the following passage and answer the questions in Korean.

> 제 이름은 린다입니다. 우리 가족은 할아버지, 아버지, 어머니, 오빠, 그리고 저, 모두 다섯
>
> 명입니다. 할머니께서는 작년에 돌아가셨습니다. 할아버지께서는 연세가 여든다섯이십니다.
>
> 그렇지만 건강하십니다. 지난 토요일은 할아버지 생신이었습니다. 그래서 가족들과 저녁을
>
> 먹고 가족 사진을 찍었습니다. 할아버지는 파란색 한복을 입고 사진을 찍으셨습니다.
>
> 아버지는 은행에서 일하시고 어머니는 고등학교에서 생물학을 가르치십니다. 아버지와
>
> 어머니는 운동을 좋아하셔서 보통 주말에 같이 테니스를 치십니다. 오빠는 작년부터
>
> 대학원에 다니고 있습니다. 오빠의 전공은 경제학입니다. 저는 대학교 일학년입니다. 그런데
>
> 전공은 아직 없습니다.

1.　할머니께서는 언제 돌아가셨습니까?

　　　　　　　　　　　작년에 돌아가셨습니다.
_____

2.　부모님은 주말에 보통 무엇을 하십니까?

_____ .

3.　오빠는 지금 무슨 공부를 하고 있습니까?

_____ .

4. 부모님께서는 무슨 일을 하십니까?

   _____.

5. 린다의 가족은 모두 몇 명입니까?

   _____.

6. 린다 가족들은 할아버지 생신에 뭐 했습니까?

   _____.

7. 할아버지는 생신에 무슨 옷을 입고 사진을 찍으셨습니까?

   _____.

F. Based on the image below, pretend you're Michael. Introduce your family with a
    brief description of each member.

제 이름은 마이클입니다. 저는 대학교에서

_____

한국 역사를 전공합니다. 다음 학기에

_____

졸업합니다. 가운데 한복을

_____

_____

_____

_____

_____

_____

_____

13 전화 On the Telephone

CONVERSATION 1

A. Choose the expression that best describes each picture and write it below the corresponding picture.

감기 걸리다   (누구를) 돕다   비 오다   빌려 주다   빨래하다   편지 부치다

1. _____

2. _____

3. _____

4. _____

5. _____

6. _____

B. Choose and write the appropriate particle for each phrase. If necessary, you may use the particles more than once.

가   를   에   을   이   한테

1. 서울은 요즘 비_____ 매일 오고 추워요.

2. 그래서 감기_____ 걸렸어요.

3. 우표가 없어서 편지_____ 부치러 우체국에 갈 거예요.

4. 내일은 집에서 청소하고 빨래_____ 해야 돼요.

5. 아침, 점심 다 못 먹어서 배_____ 많이 고파요.

C. Choose the most appropriate adverb for each sentence.

1. 어제 본 영화가 너무 재미있었어요. 그래서 나중에 _____ 보고 싶어요.

    a. 다시   b. 벌써   c. 아직

2. 시간이 참 빠르지요? _____ 한 학기가 다 끝났어요.

    a. 벌써   b. 오래   c. 이따가

3. 지금은 배가 안 고파요. _____ 저녁 먹을게요.

    a. 그냥   b. 벌써   c. 이따가

4. 아침에는 배가 많이 아팠는데 _____ 괜찮아요.

    a. 이따가   b. 이젠   c. 오래

D. Match the words to the pictures. Write the word in the corresponding balloon.

| 바꿔 주세요 | 실례지만 | 여보세요 | 잠깐만요 |

1. _____

'따르릉'

2. _____

Excuse me.

3. 마크 씨 좀 _____

4. _____

"Just a moment."

BASE DIALOGUE 1 ▶	(따르릉 따르릉)
제니 언니:	여보세요.
마크:	거기 제니 씨 집이지요?
제니 언니:	네, 그런데요.
마크:	제니 씨 좀 바꿔 주세요.
제니 언니:	네, 잠깐만요.

E. For each phrase you hear, find its matching English translation and write the corresponding number in the appropriate space. ▶

[1] Hello.

[   ] May I speak to Soobin?

[   ] May I ask who's calling?

[   ] Good-bye.

[   ] I will call you again.

[   ] Just a moment, please.

F. Choose the correct expression according for each situation.

그런데요	바꿔 주세요	실례지만	여보세요	전화할게요	주세요

1. A: 여보세요.   B: _____ .

2. A: 거기 린다 씨 집이지요?   B: _____ .

3. A: 린다 씨 좀 _____ .   B: 잠깐만 기다리세요.

4. A: _____ 누구세요?   B: 저 김수빈입니다.

5. A: 이따가 다시 전화해 _____ .   B: 네, 그럴게요.

6. A: 민지 씨 지금 없는데요.   B: 이따가 다시 _____ .

G.   Fill in the blanks as you listen to the following telephone conversation. ▶

스티브: (1) _____ .

민지: (2) _____ 수잔 씨 집이지요?

스티브: 네, (3) _____ .

민지: 수잔 씨 좀 (4) _____ 주세요.

스티브: (5) _____ 누구세요?

민지: 친구 김민지예요.

BASE DIALOGUE 2 ▶   제니: 마크 씨, 파티에 와 주세요.
마크: 네, 갈게요.
제니: 샌디 씨도 같이 오세요.
마크: 네, 그럴게요.

H.   Complete the table below.

Dictionary form	~어요/아요	~어/아 줘요	~어/아 주세요
사다	사요		
쓰다			
읽다			읽어 주세요
바꾸다		바꿔 줘요	
빌리다			
준비하다			준비해 주세요
돕다	도와요		

I.　Based on the following pictures, make requests using the ~어/아 주세요 ending.

1. 책 읽어 주세요. _____

2. _____

3. _____

"Please marry me."

4. _____

5. _____

6. _____

J.　Circle the most appropriate form of the word in [　].

1.　엄마가 동생[께 / 한테] 시계를 [주셨어요 / 드렸어요].

2.　샌디가 친구[께 / 한테] 중국어를 가르쳐 [줬어요 / 주셨어요].

3.　마크가 김 교수님[께 / 한테] 사전을 빌려 [주셨어요 / 드렸어요].

4.　아버지[께 / 께서] 저한테 책을 읽어 [주셨어요 / 드렸어요].

K.　Fill in the blanks with the most appropriate verbs from the box below. Use each verb only once, and change the verbs into the ~어/아 form.

가르치다　　남기다　　만들다　　부치다　　빌리다

1.　마크가 저녁에 맛있는 스파게티('spaghetti')를 _____ 줬어요.

2.　언니가 중국어를 _____ 줬어요.

3.　돈 $20 만 좀 _____ 주세요.

4.　엄마, 편지 좀 _____ 주세요.

5.　메시지 좀 _____ 주세요.

L. Write a short thank-you message to the following people using the ~어/아 주셔서 감사합니다 pattern, as in 1.

1. 선생님

선생님, 한국어를 가르쳐 주셔서 감사합니다.

2. 민우 씨

Thank You

민우 씨, _____

_____.

3. 수진 씨

Thank You

수진 씨, _____

_____.

4. 마이클 씨

Thank You

마이클 씨, _____

_____.

M. Express your willingness or make a promise to do something for the sake of the other speaker. Fill in the blanks with the most appropriate verbs from the box below. Use each verb only once, and change the form using the ~(으)ㄹ게요 form.

도와 주다	드리다	받다	뵙다	오다

1. A: 전화 왔어요.

   B: 네, 제가 _____.

2. A: 지금은 좀 바쁜데요. 이따가 다시 올래요?

   B: 네, 이따가 다시 _____.

3. A: 지금 선생님 안 계시는데요.

   B: 그럼, 나중에 전화 _____.

4. A: 내일 3시 30분까지 연구실로 오세요.

   B: 네, 선생님 내일 _____.

5. A: 경제학 숙제를 하는데 잘 모르겠어요.

   B: 제가 _____.

N. Make a promise to three important people in your life using the ~(으)ㄹ게요 form, as in 1.

1. _____어머니_____ : _____어머니, 전화 자주 드릴게요._____ .

2. _____ : _____ .

3. _____ : _____ .

4. _____ : _____ .

BASE DIALOGUE 3 ▶	마크:	어디가 아프세요?
	우진:	감기에 걸려서 머리도 아프고 몸도 아파요.
	마크:	몸조리 잘 하세요.

O. Using the box below, write in the word for each body part shown in the picture.

| 귀   눈   머리   발   손   입   코 |

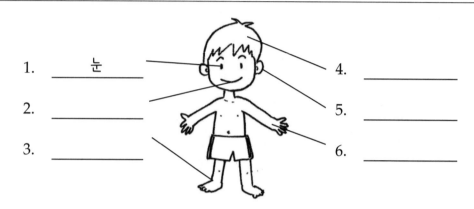

1. _____눈_____   4. _____

2. _____   5. _____

3. _____   6. _____

P.   Describe what is wrong with each person.

1. __목이 아파요.__   2. _____   3. _____   4. _____

BASE DIALOGUE 4 ▶

마크:	이번 주말에 바빠요?
우진:	네, 친구들이 집에 놀러 올 거예요.
	그래서 집 청소하고 장도 봐야 돼요.

Q. Sophia is throwing a party at her place. Describe the things she needs to do before the party using ~어/아야 돼요.

1. 친구들한테 전화해야 돼요.

2. _____

3. _____

4. _____

5. _____

6. _____

R. Imagine that you are in the following situations. Write down what you need to do to resolve the situations using ~어/아야 돼요.

1. 내일 한국어 시험이 있어요. __밤 12 시까지 공부를 해야 돼요.__

2. 감기에 걸려서 머리가 많이 아파요. _____

3. 오늘 학교에 못 가서 숙제를 몰라요. _____

4. 택시를 타고 싶은데 차가 너무 막혀요. _____

5. 큰 도시에서 살고 싶어요. _____

6. 배가 너무 고파요. _____

S.   Each of your friends has different concerns. Please advise them using ~어/아야 돼요.

1.   A: 한국어를 잘 하고 싶어요. 어떻게 해야 돼요?

     B: ___매일 단어를 공부해야 하___고 _____. (단어 vocabulary)

2.   A: 돈을 많이 벌고 싶어요. 어떻게 해야 돼요?   (벌다 to earn)

     B: _____고 _____.

3.   A: 다이어트('diet')를 하고 싶어요. 어떻게 해야 돼요?

     B: _____고 _____.

4.   A: 친구를 많이 사귀고 싶어요. 어떻게 해야 돼요?

     B: _____고 _____.

5.   A: 선생님이 되고 싶어요. 어떻게 해야 돼요?

     B: _____고 _____.

CONVERSATION 2

A. Fill in the blanks with the appropriate particles.

1. 돈__이__ 없어요.   2. 돈_____ 써요.

3. 돈_____ 드려요.   4. 돈_____ 들어요.

5. 돈_____ 많아요.   6. 돈_____ 부쳐요.

B. Fill in the blanks with the most appropriate expressions from the box below. Change them into Korean, and use each expression only once.

because of	cost of living	half	new	shoes

1. 뉴욕 _____ 이/가 아주 비싸요. 그래서 돈이 많이 들어요.

2. 다음 주 금요일에 인터뷰가 있어요. 그래서 _____ 옷을 사야 돼요.

3. 내일 12 시 _____ 에 연구실로 가겠습니다.

4. 감기 _____ 많이 아팠어요.

5. _____ 이/가 작아요. 그래서 발이 아파요.

C. Find and correct the misspelled words.

1. 신발이 작아서 팔이 아파요.   팔이 → 발이

2. 이따가 오후에 청소하고 발래를 해야 돼요. _____

3. 서울은 물까가 싸서 좋아요.   _____

4. 선생님, 잠간만 기다려 주세요.   _____

5. 바지가 짤바서 불편해요.   _____

6. 어젯밤에 옆집 음악이 시끄러와서 못 잤어요. _____

D. Match each body part with its corresponding item.

| 귀 | 다리 | 머리 | 목 | 발 | 배 | 손 | 얼굴 | 팔 |

1. _____

2. _____

3. _____

4. _____

5. _____

6. _____

E. Listen carefully to the recording and write the words you hear. ▶

1. _____   2. _____

3. _____   4. _____

5. _____   6. _____

BASE DIALOGUE 5 ▶   (따르릉 따르릉)

대학원생:	여보세요.
마크:	여보세요. 거기 박 교수님 연구실이지요?
대학원생:	네, 그런데요.
마크:	박 교수님 좀 부탁합니다.
대학원생:	네, 잠깐만 기다리세요.

F. Make a formal telephone call. Circle the most appropriate expressions.

1. 학생: 교수님 전화 번호가 _____?   a. 뭐예요   b. 어떻게 되세요

2. 학생: 거기 박 교수님 _____?   a. 댁이지요?   b. 집이에요?

3. 학생: 여보세요, 박 교수님 좀 _____.   a. 바꾸세요   b. 부탁합니다

4. 대학원생: 교수님, 전화 _____.   a. 왔습니다   b. 바꾸세요

5. 대학원생: 지금 교수님 _____.   a. 안 계시는데요   b. 없는데요

G. For each phrase you hear, find its matching English translation and write the
corresponding number in the appropriate space. ▶

[1   ]   Hello.

[   ]   This is [name] (*lit.* I switched the telephone).

[   ]   Please answer the phone.

[   ]   Is this Professor Kim's office?

[   ]   May I speak to Professor Kim, please?

[   ]   You have a phone call.

BASE DIALOGUE 6 ▶

마크: 그동안 어떻게 지냈어요?

수빈: 경제학 수업 때문에 좀 바빴어요. 마크 씨는요?

마크: 저도 수업이 많아서 그동안 바빴어요.

H. Rewrite the following sentences using 때문에.

비가 와서 차가 많이 막혔어요.   1. _____비 때문에_____ 차가 많이 막혔어요.

감기에 걸려서 집에 일찍 들어갔어요.   2. _____ 집에 일찍 들어갔어요.

룸메이트가 텔레비전을 밤 늦게까지   3. _____ 잠을 못 잤어요.
봐서 잠을 못 잤어요.

일이 많아서 친구를 못 만났어요.   4. _____ 친구를 못 만났어요.

물가가 비싸서 돈이 많이 들어요.   5. _____ 돈이 많이 들어요.

I. Answer the following questions using 때문에, as in 1.

1. 요즘 왜 피곤하세요?   _____일 때문에 피곤해요._____ .

2. 요즘 왜 돈이 많이 들어요?   _____ .

3. 왜 한국어를 들으세요?   _____ .

4. 어제 왜 집에 일찍 들어갔어요?   _____ .

5. 왜 한국에 가고 싶으세요?   _____ .

6. 왜 머리가 아프세요?   _____ .

J.　Rewrite the six sentences in G using ~어/아서, as in 1.

1.　_____ 일이 많아서 피곤해요. _____.

2.　_____.

3.　_____.

4.　_____.

5.　_____.

6.　_____.

K.　Look at the pictures below and guess why the following situations have occurred using 때문에.

1.　___시험 때문에___ 너무 바빠요.　　　2.　_____ 시끄러워요.

3.　_____ 음식을 못 먹어요.　　4.　_____ 몸이 안 좋아요.

5.　_____ 테니스를 못 쳤어요.　　6.　_____ 약속 시간에 늦었어요.

BASE DIALOGUE 7 ▶

마크:	1시 반에 연구실로 가겠습니다.
교수님:	네, 그래요. 내일 봐요.
마크:	내일 뵙겠습니다.

L. Translate the following expressions into Korean using ~겠.

1. It is nice to meet you. (*Lit.* It is the first time meeting you.)

    처음 _____.

2. May I ask you something? (*Lit.* I would like to ask you [something].)

    말씀 좀 _____.

3. Thank you for the food. (*Lit.* I will eat [the meal] well.)

    잘 _____.

4. I will be back tomorrow.

    내일 다시 _____.

5. Would you like to leave a message?

    메시지를 _____?

6. Today's news will start now.

    지금부터 오늘의 뉴스를 _____.

7. The weather will be cloudy and cold tomorrow.

    내일은 날씨가 _____.

M. Choose between, ~(으)ㄹ래요 and ~(으)시겠어요 to complete the questions.

수미 씨,   (1) 뉴스 볼래요?   선생님,   (2) 뉴스 ___보시겠어요___?

(3) 뭐 먹을래요?   (4) 뭐 _____?

(5) 메세지 남길래요?   (6) 메시지 _____?

(7) 책 좀 _____?   (8) 책 좀 빌려 주시겠어요?

N. Listen to the following telephone conversation to determine if the following statements are (T)rue or (F)alse. ▶

1. _____   Mark called Professor Kim to make an appointment.

2. _____   Mark wants to see Professor Kim because of his late homework.

3. _____   Professor Kim will be available tomorrow from 2 to 4 o'clock.

4. _____   Mark will meet Professor Kim at 1:30 p.m.

5. _____   Mark will visit Professor Kim's office tomorrow.

O. Listen to the questions and write your own responses in Korean using complete sentences. ▶

1. _____.

2. _____.

3. _____.

4. _____.

5. _____.

WRAP-UP EXERCISES

A.   Fill in the blanks as you listen to the following telephone message. ▶

_____, 저 민지예요. _____ 안녕하셨어요? 저는 학교에 잘 _____

있어요. 저, 책을 _____ 지난 달에 받은 돈을 다 썼어요. 서울 _____가

비싸서 돈이 많이 _____. 죄송하지만 은행으로 돈 좀 _____. 오백 불만

_____ 주세요. 엄마, 고맙습니다.

B.   Listen to the conversation and answer the following questions. ▶

1.   스티브는 어제 왜 학교에 안 갔어요?

   (a) 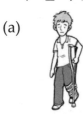   (b)   (c)   (d)

2.   스티브하고 민지는 무슨 수업을 같이 들어요?

   (a)    (b)    (c)    (d)

3.   스티브는 내일 뭐 할 거예요?

   (a)    (b)    (c)   (d)

C. You are looking for a roommate. Write an advertisement with all the conditions and qualifications you are looking for in a roommate.

룸메이트를 찾습니다!

1. _____

2. _____ .

3. _____ .

4. _____ .

5. _____ .

6. _____ .

7. _____ .

(123)456-7890로 연락 주세요. (연락 'contact')

D. List the things you want to do and then the list the smaller things that you have to do in order to accomplish your goals.

Things you want to do	Things you have to do
한국 대학에서 공부하고 **싶어요**.	한국어를 열심히 공부해서 한국말을 잘 **해야 돼요**.

E.   Create telephone conversations according to the directions given below.

1.   You planned to see your classmate at 12:00 for lunch in front of the school cafeteria, but your schedule has changed. Call your classmate to change the time and the location for your get-together and apologize for the sudden change.

A: 여보세요.

B: _____.

A: _____.

B: 미안하지만 _____.

A: _____ ~(으)ㄹ래요?

B: _____.

A: _____.

2.   Call your neighborhood pizza place and order a pizza for dinner. Include information about your address and telephone number.

(주소 'address'; 배달하다 'to deliver')

A: 뉴욕피자집입니다.

B: _____고 싶은데요.

A: 사이즈 _____?

B: _____.

A: 주소하고 전화번호 _____.

B: _____.

F. Read the following conversation and answer the questions.

> 유진: 여보세요?
>
> 리사: 안녕하세요, 유진 씨. 리사예요.
>
> 유진: 어, 리사 씨.
>
> 리사: 유진 씨, 한국어 숙제 좀 가르쳐 주세요.
>
> 유진: 오늘 한국어 수업에 안 갔어요?
>
> 리사: 네, 오늘 못 갔어요. 감기에 걸려서 아팠어요.
>
> 유진: 많이 아팠어요?
>
> 리사: 네, 좀 많이 아팠는데 이젠 괜찮아요.
>
> 유진: 내일은 시험만 있고 숙제는 없어요.
>
> 리사: 아, 그래요?
>
> 유진: 내일은 학교에 갈 거예요?
>
> 리사: 네, 내일은 한국어 시험하고 생물학 숙제 때문에 학교에 가야 돼요.
>
> 유진: 그럼, 내일 학교에서 봐요.
>
> 그리고 (Please take good care of your health).
>
> 리사: 네, 고마워요. 내일 봐요.

1. 유진하고 리사는 무슨 수업을 같이 들어요?

_____

2. 리사는 왜 오늘 학교에 못 갔어요?

_____

3. 리사는 유진 씨한테 왜 전화했어요?

_____

4. 리사는 왜 내일 학교에 가야 돼요?

_____

5. Translate the underlined expression into Korean.

_____

G. Translate the following sentences into Korean.

1. May I speak to Professor Lee, please?

    _____

2. Professor Kim, I would like to see you tomorrow because of the exam.

    _____

3. The teacher lent his book to me until next weekend.

    _____

4. Thank you for helping me with the homework even though you're busy.

    _____

5. Since I have an appointment with Professor Park later, I have to go now.

    _____

H. Call and leave a message for a friend you have not been able to talk to for a while. Explain why you have not been able to contact him or her and give your telephone number so that your friend can call you back.

 **공항에서** At the Airport

CONVERSATION 1

A. Choose the word that best describes each picture and write it below the corresponding picture.

공항	기사	길	손님	휴일	택시

July 4th
December 25th
Thanksgiving Day

1. _____

2. _____

3. _____

4. _____

5. _____

6. _____

B. Match each item in the left column with the most appropriate predicates in the right column.

1. 안부를 •   • 많다

2. 길을 •   • 내다

3. 돈을 •   • 건너다

4. 연락을 •   • 전하다

5. 수고가 •   • 하다

C. Fill in the blanks with the most appropriate words from the box below. Use each word only once.

내일	모레	빨리	적어도	휴일

1. 여기서 공항까지 _____ 세 시간은 걸리겠는데요.

2. 오늘은 월요일이고 _____ 은/는 화요일이고 _____ 은/는 수요일이에요.

3. 길이 너무 막혀서 그렇게 _____ 가지 못할 거예요.

4. 오늘은 우체국이 쉬는 _____ 이에요/예요.

BASE DIALOGUE 1 ▶   기사: 손님, 공항 다 왔어요.

마크: 얼마 나왔어요?

기사: 79,000 원입니다.

D. Write the numbers you hear in Arabic numerals (e.g., 1, 2, 3). ▶

1. _____ 원   2. _____ 달러   3. _____ 원

4. _____ 달러   5. _____ 원   6. _____ 원

E. Find each expression you hear in Korean and write its number in the appropriate box. ▶

How much did the bill come to?	Thank you for your trouble.	We have arrived at the airport.
Where are you going?	I understand.	Here it is.

BASE DIALOGUE 2 ▶

기사:	어디까지 가세요?
마크:	인천 공항까지 가 주세요. 오늘은 길이 많이 막히네요.
기사:	토요일이라서 그래요.

F. Circle the most appropriate option to complete each sentence.

1. 여름 방학 [때문에 / 여서 / 이라서] 공항에 사람들이 많아요.

2. 추운 날씨 [때문에 / 아니라서 / 여서] 따뜻한 옷을 많이 샀어요.

3. 어제 숙제 [때문에 / 라서 / 여서] 잘 못 잤어요.

4. 저는 이 학교 학생이 [라서 / 아니라서 / 이어서] 학교 도서관에서 책을 못 빌려요.

5. 지금 서울에 혼자 사는 동생 [때문에 / 아니라서 / 이라서] 한국에 자주 가요.

G. Use the correct form of ~(이)라서 with the given nouns and then complete the sentences, as in 1.

1. 봄___이라서___ _____요즘 날씨가 따뜻해요._____

2. 학생_____ _____.

3. 오늘 휴일_____ _____.

4. 첫 학기_____ _____.

5. 민지는 한국 사람_____ _____.

6. 새 기숙사_____ _____.

H. You will hear the first part of various sentences that use the N(이)라서 pattern. Use this information to make complete sentences. ▶

1. _____.

2. _____.

3. _____.

4. _____.

5. _____.

BASE DIALOGUE 3 ▶	마크:	공항까지 얼마나 걸릴까요?
		30분쯤 걸릴까요?
	기사:	글쎄요, 그렇게 빨리 가지는 못할 거예요.
		적어도 한 시간은 걸리겠는데요.

I. Rewrite the following sentences using ~지 못하다.

1. 어제 친구를 못 만났어요.   →

2. 요즘 못 쉬어요.   →

3. 저는 아직 운전 못 합니다.   →

4. 책을 못 빌렸어요.   →

5. 길을 못 건넜습니다.   →

6. 오늘 시험을 잘 못 볼 거예요. →

J. Complete the following sentences using ~지 못하다, as in 1.

1. 오늘 시간이 없어서 _____ 점심을 먹지 못 했어요. _____

2. 지금 밖에 비가 와서 _____.

3. 감기 때문에 _____.

4. 모레 다른 약속이 있어서 _____.

5. 추운 날씨 때문에 _____.

6. 지난 주말에 숙제가 너무 많아서 _____.

7. 길이 너무 막혀서 _____.

K. Listen to the conversation between a taxi driver and a passenger and answer the questions. ▶

1. Where is the passenger going?

    → _____.

2. What day of the week is it today?

    → _____.

3. According to the driver, how long will it take?

    → _____.

4. How much is the tunnel fee? (터널비 'tunnel fee')

    → _____.

5. How much is the cab fare altogether?

    → _____.

CONVERSATION 2

A. Match each description in the left column with the appropriate word in the right column.

나가는 곳   •   • 공항

쉬는 곳   •   • 기사

비행기를 타는 곳   •   • 노래방

운전하는 사람   •   • 정류장

아버지의 형   •   • 출구

노래하는 곳   •   • 큰아버지

노는 날   •   • 휴게실

버스를 타는 곳   •   • 휴일

B. Match each noun in the left column with the most closely related predicate in the right column.

엘리베이터   •   • 나가다

목   •   • 내려가다

노래   •   • 마르다

마중   •   • 부르다

목소리   •   • 크다

계단   •   • 타다

BASE DIALOGUE 4 ▶

수빈:	어, 마크 씨, 여기 공항에 웬일이세요?
마크:	오늘 영국에서 여동생이 와서 마중 나왔어요.
수빈:	아, 그래요? 몇 시 비행기인데요?
마크:	3시 비행기인데 제가 좀 늦게 도착했네요.

C. Connect each adverbial form ~게 in the left column with the most closely related predicate in the right column.

늦게 •   • 지내세요

맛있게 •   • 말해 주세요

시끄럽게 •   • 드세요

크게 •   • 얘기하지 마세요

즐겁게 •   • 도착하지 마세요

D. Circle the most appropriate option to complete each sentence.

1. 목소리가 너무 작아요. [작게 / 크게 / 늦게] 말해 주세요.

2. 지난 주에 시험이 많아서 아주 [재미있게 / 바쁘게 / 쉽게] 보냈어요.

3. 선생님, 주말 [늦게 / 쉽게 / 즐겁게] 보내세요.

4. 어제 룸메이트하고 오랜만에 방 청소를 아주 [덥게 / 괜찮게 / 깨끗하게] 했어요.

5. 새로 산 책을 아주 [다르게 / 싸게 / 재미있게] 다 읽었어요.

6. 음식이 너무 맛있어서 배 [부르게 / 고프게 / 아프게] 많이 먹었어요.

E. Complete each conversation by choosing the most appropriate word from the box below and changing it to the adverbial form ~게. Use each word only once.

| 늦다 | 맛있다 | 시끄럽다 | 싸다 | 친절하다 | 편하다 |

1. A: 마크 씨는 비행기 잘 탔지요?

   B: 아니요, 공항에 한 시간이나 _____ 도착해서 비행기를 못 탔어요.

2. A: 학교 근처 새 한국 식당 어때요?

   B: 아주 좋아요. 어제 불고기를 아주 _____ 먹었어요.

3. A: 오늘 왜 이렇게 피곤하세요?

   B: 어제 룸메이트가 너무 _____ 전화해서 잘 못 잤어요.

   A: 아, 그래요? 그럼 저기 휴게실에 가서 _____ 좀 쉬세요.

4. A: 이 모자 어떠세요, 손님?

   B: 너무 비싸네요. 좀 _____ 주세요.

5. A: 어제 공항은 잘 찾았어요?

   B: 택시 기사 아저씨가 _____ 도와 주셔서 잘 찾았어요.

Base Dialogue 5 ▶ 수빈: 공항까지 뭐 타고 오셨어요?

마크: 택시 탔는데 택시비가 8만원이나 나왔어요.

수빈: 다음부터는 택시를 타지 마세요.

공항 버스가 싸고 편해요.

F. For each command you hear, find its corresponding sign and write the number in the appropariate space. ▶

	DO NOT ENTER				

G. Respond to each sitation using ~지 마세요, as in 1.

1. 친구가 운전을 너무 빨리 해요.   →   너무 빨리 운전하지 마세요.

2. 룸메이트가 매일 커피를 6 잔 마셔요.   →   _____.

3. 동생이 돈을 너무 많이 써요.   →   _____.

4. 학생이 수업에 매일 늦게 와요.   →   _____.

5. 학생들이 도서관에서 시끄럽게 얘기해요. →   _____.

6. 지금 밖에 비가 많이 와요.   →   _____.

H. Fill in the blanks with the most appropriate negative commands by using the words from the box below. Use each word only once.

나오다	말하다	이야기하다	졸다	타다	하다

1. 수업 시간에 _____ 마세요.

2. 도서관에서는 시끄럽게 _____ 마세요.

3. 공항까지 택시 _____ 공항버스를 타세요.

4. 오늘 차가 많이 막히는데 공항에 마중 _____ 마세요.

5. 수업 시간에 영어로 _____ 한국말로 하세요.

6. 오늘은 피곤한데 게임 _____ 좀 쉬세요.

I. Based on the pictures provided below, create sentences using ~지 말고 … ~(으)세요, as in 1.

1.			엘리베이터 타지 말고 계단으로 올라가세요.
2.			
3.			
4.			
5.			
6.			

BASE DIALOGUE 6 ▶   수빈: 다음에는 공항버스를 타세요.

공항 버스가 싸고 더 빨라요.

마크: 아, 몰랐어요. 다음에는 그래야 되겠네요.

J. Complete the table below.

Dict. form	-어요/아요	-었/았/ㅆ어요	-습/ㅂ니다	~(으)ㄴ/는데
모르다			모릅니다	
(노래) 부르다		불렀어요		
빠르다				빠른데
(목이) 마르다	말라요			

K. Complete each sentence by using the predicates in the box below and changing the form as necessary. You can use the same word more than once.

다르다	마르다	모르다	빠르다	부르다

1. 서울 지하철은 싸고 깨끗하고 _____.

2. 운동하고 목이 너무 _____ 물을 많이 마셨어요.

3. 우리 노래 _____ 같이 노래방에 갈래요?

4. 배가 너무 _____ 지금 공부하지 못 하겠어요.

5. 선생님, 이메일 주소를 _____ 그동안 연락 드리지 못했어요.

6. 저하고 언니는 얼굴하고 성격('personality')이 많이 _____.

L. Read the conversation between Mark and Minji. Then listen to the questions about the conversation and answer them in Korean using complete sentences. ▶

마크: 민지 씨, 여기 웬일이세요?

민지: 어, 마크 씨, 안녕하세요? 큰아버지 마중 나왔어요.

　　　 마크 씨는 공항에 웬일이세요?

마크: 오늘 여동생이 영국에서 와요.

민지: 몇 시 비행기예요?

마크: 세 시 이십 분 비행기예요. 십오 분 후에 도착할 거예요.

민지: 공항까지 뭐 타고 오셨어요?

마크: 택시 탔는데 두 시간쯤 걸리고 택시비도 좀 많이 나왔어요.

민지: 택시비가 얼마 나왔는데요?

마크: 칠만 육천 원쯤 나왔어요.

민지: 다음에는 택시를 타지 말고, 공항 버스를 타세요. 공항버스는 만 천 원이에요.

마크: 공항까지 직접 오는 버스가 있어요?

　　　 저는 몰랐어요. 다음에는 공항 버스를 타야겠네요.

---

1. _____.

2. _____.

3. _____.

4. _____.

5. _____.

6. _____.

WRAP-UP EXERCISES

A. Fill in the blanks with appropriate words.

1. [어제] – [　　　　] – [내일] – [　　　　]

2. [　　　　] – [올해] – [　　　　]

3. [지난 달] – [　　　　] – [　　　　]

4. [월요일] – [　　　　] – [　　　　] – [목요일] – [　　　　] – [토요일] – [　　　　]

5. [　　　　] – [　　　　] – [　　　　] – [가을] – [　　　　]

B. Listen to the following sentences and fill in the blanks with the missing information. ▶

PRONUNCIATION ▶
연락 [열락]
정류장 [정뉴장]
적어도
빨리
좋아요
목이 말라요
배가 불러요

1. 시간이 참 ＿＿＿＿＿＿＿?

2. 오늘 ＿＿＿＿＿＿＿ 공원에 사람이 많아요.

3. 여기서 공항까지 ＿＿＿＿＿＿＿＿?

4. 그동안 ＿＿＿＿＿＿＿＿ 정말 죄송합니다.

5. 우리 오늘 도서관에서 ＿＿＿＿＿＿＿ 휴게실에서 ＿＿＿＿＿＿＿?

C. Imagine that you are riding in a taxi. Put the following expressions in the most appropriate order.

[　　] 얼마나 걸릴까요?　　　　　　[　　] 어디까지 가세요?

[　　] 손님, 다 왔습니다.　　　　　　[　　] 수고하세요.

[　　] 안녕하세요?　　　　　　　　[　　] 여기 있습니다.

[　　] 시청까지 가 주세요.　　　　　[　　] 얼마 나왔어요?

[9] 감사합니다. 안녕히 가세요.

D. Read the following letter.

(1) Dear Mom and Dad,

(2) How have you been? 그동안 (3) I am very sorry that I was not able to contact you. 첫 학기라서 바쁘게 지냈습니다. 보내 주신 선물과 편지는 잘 받았습니다. 예쁜 옷과 재미있는 책을 보내 주셔서 정말 고맙습니다. 잘 입고 잘 읽을게요.

그곳 날씨는 어때요? 여기 서울은 봄이라서 요즘 아주 따뜻하고 날씨가 너무 좋아요. 할머니께서도 건강하시지요? 다음 주 할머니 생신 잔치에 가지 못해서 죄송해요. 할머니 생신 선물은 어제 할머니 댁으로 보냈어요. 언니, 오빠도 모두 보고 싶어요. (4) Please give my regards to my sister and brother. 그럼, 두 분 모두 건강하시고 할머니 생신 즐겁게 보내세요.

(5) April 15, 2018
서울에서

(6) From Minji

Now translate (1)–(6) into Korean. Be sure to follow Korean letter style.

(1) Dear Mom and Dad → _____

(2) How have you been? → _____?

(3) I am very sorry that I was not able to contact you.

→ _____.

(4) Please give my regards to my sister and brother.

→ _____.

(5) April 15, 2018 → _____

(6) From Minji → _____

E. Based on Minji's letter from B, listen to the questions and answer them in Korean using complete sentences. ▶

1. _____ .

2. _____ .

3. _____ .

4. _____ .

5. _____ .

F. Translate the following sentences into Korean.

1. How long will it take to get to the airport?

   → _____ .

2. Do not wait for me tomorrow.

   → _____ .

3. Please do not use English but use Korean in Korean class.

   → _____ .

4. I got up too late this morning, so I couldn't make it to the appointment with my professor.

   → _____ .

5. I took a taxi because I did not know the way.

   → _____ .

G. You are visiting a doctor to get an annual checkup. Listen to the doctor's questions regarding your daily habits and circle Yes or No. ▶

질문들	답		질문들	답	
1.	네	아니요	6.	네	아니요
2.	네	아니요	7.	네	아니요
3.	네	아니요	8.	네	아니요
4.	네	아니요	9.	네	아니요
5.	네	아니요	10.	네	아니요

H. Based on your answers in G, what advice might your doctor give you about changing your daily routine in order to improve your health? (See #1 for an example).

Advice: 1. ____엘리베이터 타지 말고 계단으로 다니세요.____

2. _____.

3 _____.

4. _____.

I. You are studying abroad in Korea. Write an email message to your Korean teacher back at home. Try to include the following expressions as often as possible:
~(으)ㄴ/는데; ~어/아야 돼요; ~어서/아서; ~(으)ㄹ게요; ~지 못하다; ~(이)라서.

보낸 사람: happy1234@kormail.co.kr

받는 사람: fun.Korean0602@ymail.com

제목: 선생님, 안녕하세요? ^_^

_____ 선생님께,

_____

_____

_____

_____

_____

_____

_____

_____

_____

_____ 올림

 쇼핑 Shopping

CONVERSATION 1

A. Choose the word that best describes each picture and write it below the corresponding picture.

| 세일   손님   양말   운동화   점원 |

1. _____   2. _____   3. _____   4. _____   5. _____

B. Choose the most appropriate expression.

1. 날씨가 추워요. _____ 방으로 들어 오세요.

   a. 번   b. 더   c. 어서

2. 시간이 없어서 장을 보러 자주 못 가요. 한 달에 한 _____ 쯤 가요.

   a. 반   b. 번   c. 더

3. 신발하고 양말을 _____ 갖다 드릴게요. 잠깐만 기다리세요.

   a. 금방   b. 벌써   c. 적어도

4. 손님, _____ 와서 보세요. 예쁜 운동화가 많습니다.

   a. 이제   b. 이쪽으로   c. 쭉

C.   Match the actions in the pictures with their corresponding compound verbs in Korean.

1.   •   • 타고 가다

2.    •   • 올라가다

3.    •   • 갖다 주다

4.    •   • 걸어가다

D.   Complete the table below with Korean compound verbs.

	가다	오다
들다 'to enter'	들어가다 'to go in'	
내리다 'to fall'		
오르다 'to ascend'		
돌다 'to turn'		돌아오다 'to come back'
걷다 'to walk'		

E.　Complete the table below with Korean compound verbs.

	가다	오다	다니다
타다 'to enter'	타고 가다		
입다 'to wear'		입고 오다	
갖다 'to get'			

F.　Complete the table below with Korean compound verbs.

	입다	타다
갈다 'to change'		

BASE DIALOGUE 1 ▶　점원:　어서 오세요. 뭐 찾으세요?

손님:　남자 셔츠를 찾는데요.

점원:　저건 어떠세요?

손님:　아, 괜찮네요.

G.　Complete the dialogue.

A: 손님 뭐 찾으세요?　　　　　B: ＿＿＿＿＿＿＿＿＿＿＿＿＿.

1.　Blue　Long　　　파란 셔츠하고 긴 바지를 찾는데요.
＿＿＿＿＿＿＿＿＿＿＿＿＿.

2.　White　Blue jean　　　＿＿＿＿＿＿＿＿＿＿＿＿＿.

3.　Red　Short socks　　　＿＿＿＿＿＿＿＿＿＿＿＿＿.

4.　Yellow　Black　　　＿＿＿＿＿＿＿＿＿＿＿＿＿.

H. Finish each conversation by choosing the correct utterance from the right-hand column.

1. 점원: 손님, 셔츠 어떠세요?

   손님: 저는 파란색을 별로 안 좋아하는데

   _____?

      •   • 다른 사이즈 좀 볼 수 있어요?

2. 손님: 저한테 좀 크네요.

   _____?

      •   • 좀 더 싼 셔츠도 있어요?

3. 손님: 이 스타일은 잘 모르겠어요.

   _____?

      •   • 하얀색 좀 볼 수 있을까요?

4. 손님: 이건 좀 비싸네요.

   _____? •

      • 다른 스타일 좀 보여 주세요.

Useful tips: There are four different types of Korean bills, and 1,000 원 is roughly equivalent to a dollar.

BASE DIALOGUE 2 ▶

우진:	친구 졸업 선물 사러 왔는데 좀 어렵네요.
	저 좀 도와 줄 수 있어요?
수빈:	어, 그럼요.
우진:	고마워요!

I. Ask yourself if you can do the following things using ~(으)ㄹ 수 있어요 construction. Then, answer your questions.

1.
김치

A: <u>김치 먹을 수 있어요?</u>

B: <u>아니요, 못 먹어요.</u>

2.
김치찌개

A: _____

B: _____

3.
한국 노래

A: _____

B: _____

4.
6 시간

A: _____

B: _____

J. Complete the following sentences by choosing the most appropriate verb from the box below and changing it to the ~(으)ㄹ 수 있다/없다 construction.

걸어다니다	구경하다	영화를 보다	손을 씻다	차 타고 가다

1. 집에서 도서관까지 거리가 가까워서 그냥 _____**걸어다닐 수 있어요.**_____

2. 안경을 안 갖고 와서 _____.

3. 거리가 별로 복잡하지 않아서 _____.

4. 화장실이 근처에 없어서 _____.

5. 동대문 시장은 24 시간 문을 열어서 밤 늦게까지 _____.

K. Ask your friend for help or a favor. Complete each question using the ~(으)ㄹ 수
있다 construction.

1. 오늘은 시간이 없는데 <u>내일 만날 수 있을까요?</u>

2. 핸드폰을 안 갖고 왔네요! 전화 좀 _____?

3. 경제학 숙제가 너무 어려워요. 숙제 좀 _____?

4. 너무 피곤해서 운전을 못 하겠어요. 운전 좀 _____?

BASE DIALOGUE 3

손님:	이 운동화 얼마예요?
점원:	한 켤레에 50,000 원이에요.
손님:	하얀색 좀 보여 주세요.
점원:	사이즈가 어떻게 되세요?
손님:	270 이요.
점원:	금방 갖다 드릴게요.

L. Connect the pictures in the left column with the correct expressions in the right
column.

1.
   •   • 얼마예요?

2.  "Welcome!"
   •   • 사이즈가 어떻게 되세요?

3.
   •   • 어서 오세요.

4.
   •   • 이거 주세요.

M. Circle the most appropriate option to complete each sentence.

1. 서점까지 뭐 [타고 / 타다 / 타] 오셨어요?

2. 매일 집에서 학교까지 [걷고 / 걷다 / 걸어] 다녀요.

3. 옷이 좀 불편해서 옷을 [갈고 / 갈다 / 갈아]입고 갈게요.

4. 저기, 좀 더 큰 사이즈 좀 [갖고 / 갖다 / 갖] 주세요.

5. 학교까지 직접 오는 버스가 없어서 버스를 [갈고 / 갈다 / 갈아]타야 돼요.

N. Fill in the blanks with the most appropriate expressions from the box below. Use each expression only once.

걸어 다니세요	갖다 주세요	갈아타세요
갖고 가세요	타고 오세요	입고 가세요

1. 비가 올 거예요. 우산을 _____갖고 가세요._____

2. 날씨가 추워요. 스웨터를 _____.

3. 목이 말라요. 물 좀 _____.

4. 버스를 타고 가서 시청역에서 지하철로 _____.

5. 영화관까지 직접 오는 버스가 있어요. 버스를 _____.

6. 매일 운동을 하셔야 돼요. 차 타지 말고 _____.

O. Complete the questions as in 1. Then answer the questions using the particle 에.

1.

$20

A: ___도넛('donut')이___ 얼마예요?

B: ___한 박스('box')에 이십 불이에요.___

2.

$34

A: ___사과('apple')가___ 얼마예요?

B: _____

3.

$14.99

A: _____ 얼마예요?

B: _____

4.

$2.50

A: _____ 얼마예요?

B: _____

5.

$8

A: _____ 얼마예요?

B: _____

6.

$52

A: _____ 얼마예요?

B: _____

P. Listen to the questions and write your own responses in Korean using complete sentences. ▶

1. _____.

2. _____.

3. _____.

4. _____.

Q. Fill in the blanks as you listen to the following conversation. ▶

마크:　　여기 장갑 _____?

점원:　　그럼요. 어서 _____오세요. _____ 장갑을 찾으세요?

　　　　남자 장갑을 찾으세요, 여자 장갑을 찾으세요?

마크:　　_____ 장갑을 사고 싶어요. 내일이 어머니 생신이세요.

점원:　　아, 그래요? 그럼 이 장갑은 어때요?

마크:　　_____. 그런데 그건 얼마예요?

점원:　　_____이에요.

마크:　　너무 비싸네요. 좀 _____.

점원:　　그럼, _____만 주세요.

마크:　　감사합니다.

CONVERSATION 2

A. Choose the word that best describes each picture and write it below the corresponding picture.

등산	목욕	문	잡지	졸업	화장실

1. _____   2. _____   3. _____

4. _____   5. _____   6. _____

B. Complete the following dialogues using 별로, as in 1.

1. A: 오늘 날씨가 추워요?

    B: 아니요, _____별로 안 추워요._____

2. A: 집에서 학교까지 멀어요?

    B: 아니요, _____. 학교까지 걸어서 와요.

3. A: 이 책 비싸요?

    B: 아니요, _____.

4. A: 거리가 많이 복잡해요?

    B: 아니요. 휴일이라서 _____.

5. A: 운동화가 많이 커요?

    B: 아니요. _____ .

6. A: 주말에 시간이 있어요?

    B: 아니요, _____ . 요즘 일을 해서 아주 바빠요.

C. Match the actions in the pictures on the left with their corresponding Korean
    words on the right.

1.

•

• 세수하다

2.

•

• 이(를) 닦다

3.

•

• 열다

4.

•

• 구경하다

5.

•

• 손(을) 씻다

BASE DIALOGUE 4 ▶	민지:	수빈 씨는 얼마나 자주 쇼핑하러 가세요?
	수빈:	보통 한 달에 두 번쯤요.
	민지:	저는 지난 2 월에 한 번 가고 그 다음에는 못 갔어요.

D.   Describe your habits

1.   하루에 다섯 번 손 씻어요.

2.   일주일에 _____ 번 _____.

3.   한 달에 _____ 번 _____.

4.   한 학기에 _____ 번 _____.

5.   일 년에 _____ 번 _____.

E.   Describe how often you do the following activities.

얼마나 자주 _____?

1.	2.	3.	4.	5.

1.   저는 _____일주일에 두 번 친구들을 만나요._____

2.   _____.

3.   _____.

4.   _____.

5.   _____.

F. Listen to the following dialogues between Yumi and Mark and choose the best answers. (▶)

1.
    (a) Once a day.
    (b) Twice a day.
    (c) Three times a day.

2.
    (a) About six hours a day.
    (b) About seven hours a day.
    (c) About eight hours a day.

3.
    (a) About three times a month.
    (b) About four times a week.
    (c) About five time a week.

4.
    (a) Twice a week.
    (b) Once a week.
    (c) Twice a month.

5.
    (a) Twice a week.
    (b) Twice a month.
    (c) Twice a year.

BASE DIALOGUE 5 (▶)	수빈: 유진 씨, 오늘 같이 동대문 시장에 갈래요?
	유진: 네, 좋아요.
	걸어다니면서 맛있는 음식도 먹고 쇼핑도 해요.

G.   Based on the pictures below, describe how one could save time doing two things
      at once using the ~(으)면서 construction.

1.   자전거 타면서 음악 들어요.
      _____

2.
      _____

3.
      _____

4.
      _____

5.
      _____

H.   Complete the following sentences by adding another concurring activity, as in 1.

1.   _____아침을 먹으면서_____   신문을 읽어요.

2.   _____   운전해요.

3.   _____   청소도 해요.

4.   _____   쇼핑을 해요.

5.   _____   요리해요.

6.   _____   학교 다녀요.

BASE DIALOGUE 6 ▶

민지:	수빈 씨는 얼마나 자주 쇼핑하러 가세요?
수빈:	보통 한 달에 두 번쯤요.
	그런데 지난 달에는 할 일이 너무 많아서 한 번도 못 갔어요.
민지:	그럼, 수빈 씨 바쁜 일 끝나고 나서 같이 쇼핑갈래요?.
수빈:	네, 좋아요. 다음 주에는 별로 할 일도 없어요.

I.   Circle the most appropriate option to complete each sentence.

1.   다음 학기에 한국어를 [가르쳐신 / 가르치신 / 가르치실] 선생님은 누구세요?

2.   이 책은 제가 다음 주말에 [읽은 / 읽을 / 읽는] 책이에요.

3.   내일 아침에 [먹을 / 먹은 / 먹는] 음식이 없어요.

4.   어제 [만나는 / 만난 / 만날] 친구는 뉴욕에서 왔어요.

5.   지난 학기에 한국어를 [들은 / 듣는 / 들을] 학생은 스물두 명이에요.

J.   Construct noun phrases using the future noun-modifying form ~(으)ㄹ, as in 1.

1.   다음 주에 보다   다음 주에 ___볼___ 영화
     a movie that I will see next week

2.   내일부터 살다   마크가 내일부터 _____ 아파트
     an apartment where Mark will live from tomorrow

3.   내년에 졸업하다   내년에 _____ 학생
     students who will graduate next year

4.   내일 입다   내일 _____ 옷
     clothes that I will wear tomorrow

5.   다음 주 월요일에 만나다   다음 주 월요일에 _____ 사람
     a person whom I will meet next Monday

6.   다음 주말에 하다   다음 주말에 _____ 일
     things that I will do next weekend

K. Complete the following sentences using 별로.

Mike has no one to meet: 마이크는 **만날** 사람이 **별로** 없어요.
_____

Minji has no clothes to wear:
_____

I have no movie to watch:
_____

My sister has no money to spend:
_____

I have nothing to do:
_____

L. Combine the two sentences into one, as in 1.

1. 목욕했어요 / 숙제했어요

→ _____ 목욕하고 나서 숙제했어요. _____

2. 테니스를 쳤어요 / 한국 식당에 갔어요

→ _____

3. 도서관에서 공부할 거예요 / 저녁을 먹을 거예요

→ _____

4. 수업을 들어요 / 운동해요

→ _____

5. 친구를 만날 거예요 / 집에 올 거예요

→ _____

6. 수업이 끝났어요 / 백화점에 갔어요

→ _____

M. Listen to Yumi's daily morning routines and put the events in order. ▶

a.   b.   c.   d.   e.

[d] → [   ] → [   ] → [   ] → [   ]

WRAP-UP EXERCISES

A. Fill in the blanks with the most appropriate expressions from the box below. Use each expression only once.

가끔	그냥	별로	보통	자주	제일

1. 그 백화점이 우리 아파트에서 _____ 가까워요.

2. 얼마나 _____ 등산하세요?

3. 저는 _____ 서점에 가요. 일주일에 세 번은 가서 책을 읽어요.

4. 오늘은 할 일이 _____ 없어서 _____ 집에 있었어요.

5. 저는 _____ 아침을 안 먹고 학교에 가는데
    오늘은 친구하고 같이 기숙사 식당에서 아침을 먹었어요.

B. Listen to the three separate dialogues. Select the best answer for each question. ▶

(1) 1. The man's shoe size is
     (a) 270   (b) 275   (c) 285

     2. The price of sneakers is
     (a) 30,000 won   (b) 35,000 won   (c) 40,000 won

(2) 3. The man is going to buy
     (a) a pair of socks (b) three pairs of socks (c) six pairs of socks

     4. The man needs to pay
     (a) 5,000 won   (b) 10,000 won   (c) 15,000 won

(3) 5. Mark wants to buy
     (a) a birthday card (b) a Korean textbook (c) a Korean textbook and a birthday card

     6. Minji is going
     (a) to meet her friend (b) to drink coffee (c) to drink coffee and read a magazine

C. Complete the conversation below and practice it with a classmate.

점원: 1. _____.
        (Please come in.)

마크: 2. _____.
        (I am looking for blue jeans.)

점원: 아, 그래요. 이쪽으로 오세요.

마크: 저 청바지가 예쁜데요. 저건 비싸지요?

점원: 3. _____.
        (Not really [*Lit*. It is not really expensive].)

        4. _____.
        (The blue jeans are on sale, so they cost only 30,000 won.)

마크: 아, 그래요. 한 번 볼게요.

D. Translate the following sentences into English.

1. 이건 제가 형한테 줄 선물이에요.

        This is the present that I will give to my older brother.
    _____.

2. 이 책은 제가 내일 읽을 책이에요.

    _____.

3. 오늘 저녁에 먹을 것이 없어요.

    _____.

4. 내년 여름에 한국에 갈 사람이 많아요.

    _____.

5. 이번 주말에 할 일이 많아요.

    _____.

6. 오늘 만날 사람이 누구예요?

    _____.

E.   Write a narration based on the following dialogue.

민지: 수빈 씨는 얼마나 자주 쇼핑하러 가세요?

수빈: 보통 한 달에 두 번쯤요. 그런데 지난 달에는 할 일이 너무 많아서 못 갔어요

민지: 저희 집에서 가까운 시장이 하나 있는데 거기 옷하고 신발이 정말 예뻐요.
       수빈 씨 바쁜 일 끝나고 나서 같이 구경갈래요?

수빈: 네, 좋아요. 요즘 입고 다닐 옷이 별로 없어요.

민지: 그래요? 그럼 제가 옷 같이 골라 줄게요. 다음 주 토요일 어때요?

수빈: 좋아요. 어디서 만날까요?

민지: 학교 앞에서 같이 버스 타고 가요. 3시쯤 어때요?

수빈: 네, 그래요. 그리고 쇼핑하고 나서 저녁도 같이 먹을까요?

민지: 네, 그것도 좋고 시장에 먹을 수 있는 음식이 많아서 쇼핑하면서 먹을 수도 있어요.

수빈: 아, 정말 재미있겠네요!

_____

_____

_____

_____

_____

_____

_____

_____

1. 이부터 닦는 사람은 보통 책을 좋아하고 영화나 연극 보는 것을 좋아하는 사람이에요.

2. 세수부터 하는 사람은 착하고 예쁜 마음('heart')을 가진 사람이에요.

3. 몸부터 씻는 사람은 다른 사람이 입은 옷 스타일이나 그 사람의 얼굴부터 보는 사람이에요.

4. 머리부터 감는 사람은 보통 조용하고 말을 많이 안 하는 사람이에요.

※ See the box below for the personality diagnosis.

이름: _____

1. 샤워에 들어가서 뭐부터 씻기 해요?

2. _____ 그 다음에 뭐해요?

3. _____ 그 다음에 뭐해요?

4. _____ 그 다음에 뭐해요?

이름: _____

1. 샤워에 들어가서 뭐부터 씻기 해요?

2. _____ 그 다음에 뭐해요?

3. _____ 그 다음에 뭐해요?

4. _____ 그 다음에 뭐해요?

F. Identify your classmates' personalities based on the order in which they clean themselves in the shower. Ask them about the following: washing face, brushing teeth, washing body, washing hair. 몸 씻다, 머리 감다.

 **음식점에서** At a Restaurant

CONVERSATION 1

A. Choose the word that best describes each picture and write it below the corresponding picture.

과자 밥 음식점 자리 종업원

1. _____ 2. _____ 3. _____ 4. _____ 5. _____

B. Fill in the blanks with the most appropriate words from the box below. Use each word only once, and change the form if necessary.

물어보다 싫다 싫어하다 알아보다 주문하다

1. 민지는 찬 음식을 정말 _____.

2. 영미 전화 번호를 몰라서 어제 마크한테 _____.

3. 학교 근처에 맛있는 식당을 인터넷으로 _____.

4. 저는 육개장은 좋지만 순두부찌개는 _____.

5. 한국 식당에 가서 저는 보통 순두부 찌개를 _____.

C. Choose the adjective that best describes each picture and write it below the corresponding picture.

| 더워요 | 따뜻해요 | 뜨거워요 | 시원해요 | 차요 | 추워요 |

1. _____

2. _____

3. _____

4. _____

5. _____

6. _____

BASE DIALOGUE 1 ▶	종업원:	어서 오세요. 몇 분이세요?
	우진:	네 명인데요. 자리 있어요?.
	종업원:	네, 이쪽으로 오세요. 주문하시겠어요?
	우진:	네 사람 모두 비빔밥 주세요.
	종업원:	네, 알겠습니다. 금방 갖다 드리겠습니다.

D. Match the expressions said by an employee in the left column with the most appropriate expressions used by a customer at a store or a restaurant in the right column.

<종업원/점원>

몇 분이세요? •

네, 있습니다. •

뭐 찾으세요? •

주문하시겠습니까? •

53,000 원밖에 안 해요. •

사이즈가 어떻게 되세요? •

<손님>

• 저거 얼마예요?

• 순두부찌개 하나 주세요.

• 세 사람인데요.

• 하얀색 운동화를 찾는데요.

• 265 인데요.

• 자리 있어요?

E. Write what you hear. Next, imagine that you are at a Korean restaurant and put all the answers in the most appropriate order. No. 5 has been done for you. ▶

1. _____ [   ]

2. _____ [   ]

3. _____ [   ]

4. _____ [   ]

5. _____ [1   ]

6. _____ [   ]

7. _____ [   ]

BASE DIALOGUE 2 ▶

수빈:	마크 씨, 냉면 먹어 봤어요?
마크:	네, 학교 식당에서 한 번 먹어 봤어요.
수빈:	맛이 어땠어요?
마크:	그냥 괜찮았어요.

F. Complete the table below.

Dictionary form	~어/아 봐요	Dictionary form	~어/아 봐요
먹다	먹어 봐요	배우다	
마시다		하다	
타다		듣다	
쓰다		만들다	
치다		고르다	

G. Complete the following sentences using the ~어/아 보다 forms from the table in F. Use each verb only once, and change the form if necessary.

1. 한국 노래를 _____. 아마 좋아할 거예요.

2. 싼 운동화를 찾으세요? 여기에서 하나 _____.

3. 어제 한국 음식을 처음 _____. 아주 맛있었어요.

4. 서울에 가서 지하철을 _____. 아주 깨끗하고 편했어요.

5. 요즘 건강이 안 좋으세요? 그럼 내일부터 아침에 운동을 _____.

6. 저는 한국에서 한 번 한국어를 _____ 싶어요.

7. 밖에 많이 추워요? 그럼, 이 모자를 한 번 _____.

H. Make suggestions about the given situations using the ~어/아 보다 form.

1. 감기에 걸려서 머리가 아파요. → _____.

2. 한국어 숙제가 너무 어려워요. → _____.

3. 돈을 다 썼어요.   → _____.

4. 잠을 못 자서 피곤해요.   → _____.

5. 더워서 목이 말라요.   → _____.

6. 옆방이 너무 시끄러워요.   → _____.

I. Listen to the questions and answer them in full sentences using the ~어/아 보다 form. ▶

1. _____.

2. _____.

3. _____.

4. _____.

5. _____.

BASE DIALOGUE 3 ▶ | 수빈: 마크 씨, 냉면 좋아하세요?
| 마크: 아니요, 저는 찬 음식을 안 좋아하기 때문에
| 냉면을 별로 안 좋아해요.

J. Describe the activities presented in each picture using ~기.

쇼핑하기			

K. Fill in the blanks using the ~기 expression from J. Use each expression only once.

1. 교통이 복잡해서 ＿＿＿＿＿＿＿가 힘들어요.

2. 민지는 ＿＿＿＿＿＿＿는 좋아하지만 ＿＿＿＿＿＿＿는 싫어해요.

3. 우리 아버지는 매일 아침에 ＿＿＿＿＿＿＿를 좋아하세요.

4. 저하고 제 룸메이트는 요즘 같이 ＿＿＿＿＿＿＿를 시작했어요.

5. 제 룸메이트는 숙제하면서 ＿＿＿＿＿＿＿를 아주 좋아해요.

6. 봄에는 날씨가 좋아서 ＿＿＿＿＿＿＿가 좋아요.

L. Using ~기, list five things that you like doing and five things that you dislike doing.

Things that you like to do

1. _____   2. _____
3. _____   4. _____
5. _____

Things that you don't like to do

1. _____   2. _____
3. _____   4. _____
5. _____

M. Change the following sentences using ~기 때문에, as in 1.

1. 순두부찌개가 너무 <u>뜨거워서</u> 못 먹겠어요.

   → _____순두부찌개가 너무 **뜨겁기 때문에** 못 먹겠어요._____

2. 어제 너무 피곤해서 운전을 할 수 없었어요.

   → _____.

3. 내일 시험이 세 개나 있어서 오늘 공부를 열심히 해야 돼요.

   → _____.

4. 배가 너무 불러서 더 못 먹겠어요.

   → _____.

5. 옷 구경을 하고 싶어서 이번 주말에 동대문 시장에 갈 거예요.

   → _____.

N. Listen to the questions and write your own responses in Korean using ~기 때문에. ▶

1. _____.

2. _____.

3. _____.

4. _____.

5. _____.

CONVERSATION 2

A. Choose the word that best describes each picture and write it below the corresponding picture.

계산서	김치	녹차	반찬	음료수	찌개

1. _____ 　 2. _____ 　 3. _____

4. _____ 　 5. _____ 　 6. _____

B. Connect the nouns in the left column with the most appropriate adjectives in the right column.

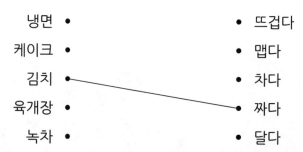

냉면 •　　　　　　• 뜨겁다
케이크 •　　　　　• 맵다
김치 •　　　　　　• 차다
육개장 •　　　　　• 짜다
녹차 •　　　　　　• 달다

C. Fill in the blanks with the most appropriate verbs from the box below. Use each verb only once and change the form if necessary.

| 놓아 주다 | 돌려주다 | 시키다 | 식사하다 | 잘라 주다 |

1. 저는 한국 식당에 가서 보통 육개장을 _____ 먹어요.

2. 된장찌개는 어머니 앞에 _____.

3. 냉면이 먹기가 좀 힘드네요. 좀 _____.

4. 하루에 아침, 점심, 저녁, 보통 세 번 _____.

5. 지난번에 저한테서 빌린 책들을 오늘까지 _____.

BASE DIALOGUE 4 ▶

종업원:	여기 음식 나왔습니다.
	비빔밥 어느 분이세요?
수빈:	어머니 앞에 놓아 주세요.
종업원:	냉면 잘라 드릴까요?
수빈:	네, 잘라 주세요.

D. Circle the most appropriate forms of 주다 or 드리다 to complete each sentence.

1. 지난 학기에 김 선생님께서 우리에게 한국어를 가르쳐 [줬어요 / 주셨어요 / 드렸어요 / 드리셨어요].

2. 마크가 선생님께 책을 한 권 [줄 거예요 / 주실 거예요 / 드릴 거예요 / 드리실 거예요].

3. 지난주에 민지가 마크한테 책을 한 권 빌려 [줬어요 / 주셨어요 / 드렸어요 / 드리셨어요].

4. 작년 할머니 생신에 아버지께서 할머니께 꽃을 선물해 [줬어요 / 주셨어요 / 드렸어요 / 드리셨어요].

5. 오늘 저녁에 민지 어머니께서 민지 친구들한테 맛있는 한국 음식을 만들어 [줄 거예요 / 주실 거예요 / 드릴 거예요 / 드리실 거예요].

6. 선생님, 방 안이 좀 덥죠? 문을 좀 열어 [줄까요 / 주실까요 / 드릴까요 / 드리실까요]?

E. Complete the table below.

	~어요/아요	~(으)ㄹ 거예요	~(으)ㄹ까요?	~ㅂ/습니다
주다	줘요			
주시다				
드리다			드릴까요?	
돕다 + 주다	도와줘요			
놓다 + 주시다		놓아 주실 거예요		
자르다 + 드리다				

F. Complete the sentences by using the most appropriate verbs from the box below.
Use each word only once.

가르쳐 드릴게요	갖다 드릴게요	갖다 주세요	골라 드릴까요
도와주시겠어요	드릴까요	빌려 드릴게요	주세요

1. (식당에서) 손님: 여기 물 좀 더 _____.

    종업원: 네, 금방 _____.

2. 선생님: 볼펜이 없네요.

    학생: 제가 하나 _____. 여기 있어요.

3. 손님: 까만색 운동화를 찾는데 좀 _____?

    점원: 네, 손님, 이쪽으로 오세요. 제가 _____?

4. 남자: 여기서 우체국까지 어떻게 가요?

    여자: 제가 _____.

        저기 도서관이 보이죠? 거기서 오른쪽으로 도세요.

5. 택시 기사: 손님, 어디에 세워 _____? (세우다 'to stop the car')

    손님: 그냥 여기서 세워 _____.

BASE DIALOGUE 5 ▶	수빈 어머니:	육개장이 너무 맵지 않아요?
	마크:	괜찮습니다. 아주 맛있어요.
		우진 씨, 순두부찌개는 어때요?
	우진:	별로 짜지 않고 맛있네요.

G. Rewrite the sentences using ~지 않다, as in 1.

1. 요즘 바빠서 운동을 안 해요.

→ _____요즘 바빠서 운동을 하지 않아요._____

2. 한국 사람들은 집 안에서 신발을 안 신습니다.

→ _____.

3. 오늘은 아파서 일하러 안 갈 거예요.

→ _____.

4. 아직 한국어 숙제가 다 안 끝났어요.

→ _____.

5. 이번 여름에는 여행 안 하고 싶습니다.

→ _____.

6. 그 책은 안 빌려줄래요.

→ _____.

7. 제 룸메이트는 이번 학기에 한국어를 안 듣고 있어요.

→ _____.

H. Answer the following questions, as in 1.

1. A: 육개장이 너무 뜨겁지 않아요?   B: 네, _____ 뜨거워요. _____

2. A: 이 음악은 좀 시끄럽지 않아요?   B: 네, _____.

3. A: 어제 본 영화가 너무 재미없지 않았어요? B: 네, _____.

4. A: 요즘 민지하고 같이 테니스 안 쳐요?   B: 아니요, _____.

5. A: 이번 겨울은 안 추울까요?   B: 네, _____.

6. A: 이따가 파티에 안 갈 거예요?   B: 아니요, _____.

I. Listen to the questions and fill in the missing information. Then, answer them in Korean using complete sentences. ▶

1. 숙제가 너무 어렵죠. 제가 좀 _____?

    → _____

2. 오늘 날씨가 정말 _____?

    → _____

3. 이제 계산서를 _____?

    → _____

4. 이번 주말에 영화 _____?

    → _____

5. 내일은 _____?

    → _____

6. 방이 더운데 _____?

    → _____

WRAP-UP EXERCISES

A. Write the Korean loanword that best describes each picture and write it below the corresponding picture.

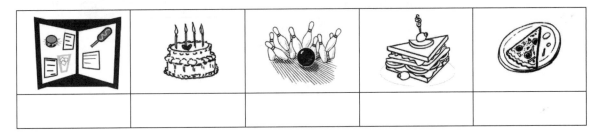

B. Check the Korean foods you have tried. Describe their taste using the words provided in the box below. Use at least two words to describe its taste.

달다　뜨겁다　맛없다　맛있다　맵다　시원하다　짜다　차다

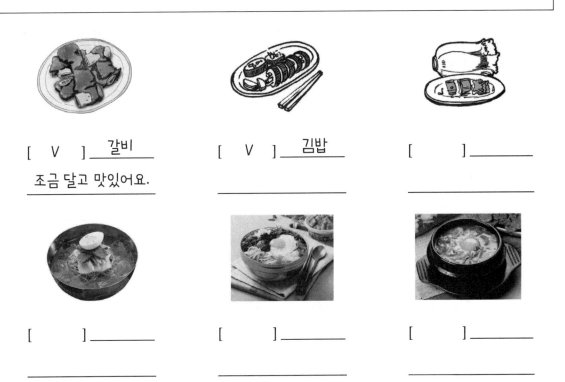

[V] 갈비

조금 달고 맛있어요.

[V] 김밥

_____

[   ] _____

_____

[   ] _____

_____

[   ] _____

_____

[   ] _____

_____

C.　Listen to the restaurant expressions and match them with the appropriate English equivalents. ▶

　　1.　_____　Are there tables available?

　　2.　_____　Come this way.

　　3.　_____　Could you bring me some water?

　　4.　_____　Excuse me.

　　5.　_____　Here is your order.

　　6.　_____　How many people are in your party?

　　7.　_____　Welcome.

　　8.　_____　What would you like to order?

D.　Translate the following sentences into Korean. Be sure to use the expressions provided in the parentheses.

　　1.　May I help you? (~어/아 드리다)

　　　　_____?

　　2.　Have you ever been to Korea? (~어/아 보다)

　　　　_____?

　　3.　I stayed home yesterday because it was too cold. (~기 때문에)

　　　　_____.

　　4.　Isn't the cookie too sweet? (~지 않다)

　　　　_____?

　　5.　I am not going to wash my face because I am too tired. (~지 않다, ~기 때문에)

　　　　_____.

E. Listen to Mark's narration and answer the following questions in Korean using complete sentences. ⓟ

1. 마크하고 친구들은 언제 같이 저녁을 먹었습니까?

    _____.

2. 마크는 왜 이 한국 식당을 좋아합니까?

    _____.

3. 식당에서 얼마나 기다려야 했습니까?

    _____.

4. 저녁 값은 모두 얼마가 나왔습니까?

    _____.

5. 저녁을 먹고 무엇을 했습니까?

    _____.

F. Using the words and expressions provided below, write three sentences for each situation. Each sentence has to have at least TWO words or expressions from the box below.

~어/아 보다	~어/아 주다	~어/아 드리다	~기	~기 때문에	~지 않다
고르다	구경하다	시키다	싫어하다	자르다	
갖고 가다	갖다 주다	놓아 주다	돌려주다	들어가다	물어보다
달다	뜨겁다	맵다	시원하다	차다	짜다
값	계산서	근처	자리	점원	종업원

At the restaurant

1. ___저는 매운 음식을 아주 좋아해서 보통 육개장을 시켜서 먹어요.___

2. _____.

3. _____.

4. _____.

At the department store

1. ___제 친구 민지는 쇼핑을 좋아하기 때문에 백화점에 구경하러 자주 가요.___

2. _____ .

3. _____ .

4. _____ .

G. After reading each passage that describes a Korean dish, write what you think the name of the dish is in the blank. Then, mark the statements that follow as (T)rue or (F)alse based on what you read in each passage.

퀴즈 1

한국 사람들은 이 음식을 아주 좋아합니다. 이 음식에는 하얀 떡, 고기, 파, 계란, 그리고 김이 들어갑니다. 국물이 아주 뜨겁습니다. 어떤 사람들은 만두를 넣어서 먹기도 합니다. 국물을 맛있게 만들어야 합니다. 하얀 떡을 국물에 넣고 너무 오래 끓이지 않습니다. 한국 사람들은 모두 설날에 이 음식을 먹습니다. 이 음식은 무엇일까요?

→ 이 음식 이름은 _____ 입니다.

(떡 'rice cake'; 고기 'meat'; 파 'scallion, green onion'; 계란 'egg'; 김 'seaweed'; 국물 'broth'; 만두 'dumplings'; 끓이다 to boil; 설날 Lunar New Year)

1. This Korean dish is usually eaten cold.　　　[　　]

2. The main ingredient of this dish is rice cake.　　[　　]

3. Korean people eat this food on New Year's Eve.　[　　]

4. The key to making this dish is delicious soup.　　[　　]

5. Some people like to add dumplings to this dish.　[　　]

퀴즈 2

한국 사람들은 이 음식을 적어도 일 년에 한 번은 먹습니다. 보통 생일날에 이 음식을 만들어 먹습니다. 아주 맛있는 음식입니다. 보통 밥하고 반찬하고 같이 먹습니다. 고기, 미역, 마늘, 그리고 참기름이 들어갑니다. 이 음식은 아이들의 몸에 좋은 음식입니다. 몸에 좋기 때문에 아이를 낳은 어머니들도 이 음식을 먹습니다. 그렇지만 이 음식은 시험을 보는 날에는 먹지 않습니다. 이 음식은 무엇일까요?

→ 이 음식 이름은 ＿＿＿＿＿＿＿입니다.

(미역 'brown seaweed'; 마늘 'garlic'; 참기름 'sesame oil'; 아이 'child'; 몸 'body'; 낳다 to give a birth to a baby)

1. This Korean dish is usually eaten with rice and side dishes. [   ]

2. Korean people eat this dish on the day of examinations. [   ]

3. The main ingredient of this dish is seaweed. [   ]

4. Women who have just given birth to a baby eat this dish. [   ]

5. Korean people eat this dish only once a year. [   ]

H. You want to know more about what foods and restaurants your friend likes. Write down four questions to ask them.

1. 보통 어느 식당에 자주 가세요? ＿＿＿＿＿＿＿＿＿＿

2. ＿＿＿＿＿＿＿＿＿＿＿＿＿＿＿＿＿＿＿＿＿＿＿ ?

3. ＿＿＿＿＿＿＿＿＿＿＿＿＿＿＿＿＿＿＿＿＿＿＿ ?

4. ＿＿＿＿＿＿＿＿＿＿＿＿＿＿＿＿＿＿＿＿＿＿＿ ?

5. ＿＿＿＿＿＿＿＿＿＿＿＿＿＿＿＿＿＿＿＿＿＿＿ ?

I. Write about your favorite food (e.g., name, ingredients, why you like it, etc.) and/or restaurant(s).

_____

_____

_____

_____

_____

_____

_____

_____

단어 복습 Vocabulary Review

Lesson 8 & 9 Crossword Puzzle

Across

3. here
4. elementary school
7. place, spot
8. doctor
10. the first time
12. to be joyful
13. right side
14. *hon.* to eat
15. grandfather
17. *hon.* to sleep

Down

1. there
2. the middle, the center
5. church
6. to be thankful
9. nearby, vicinity
11. left side
14. *hon.* to give
15. grandmother
16. map

Lesson 10 & 11 Word Search

Find the words for each description below. All words will occur horizontally or vertically—not diagonally.

인	작	오	싸	등	리	늘	다	실	대	우	일	찍	다	의	침	아	니	마	어
고	동	안	고	나	관	상	책	사	체	비	컴	방	거	만	아	또	고	교	젯
형	집	문	회	집	있	가	연	손	워	희	오	가	우	아	어	전	내	사	밤
홍	질	터	싶	호	구	지	구	머	강	버	캠	전	국	프	지	워	가	가	제
아	메	먹	빠	주	국	기	실	통	부	옆	시	작	하	다	뉴	서	수	학	요
오	우	퓨	사	마	콩	원	산	니	점	숙	밑	이	개	카	자	언	다	방	퍼
누	비	송	다	월	층	가	스	샤	모	쓰	무	만	열	저	읽	굉	장	히	산
학	이	생	로	보	하	나	어	여	교	통	데	세	레	학	달	역	작	물	의
공	사	디	방	기	다	스	읽	있	어	학	간	거	아	오	작	어	이	경	늘
시	하	난	전	차	하	사	늦	다	서	화	밖	빌	엄	서	복	잡	하	다	문
명	다	고	층	로	한	제	부	밥	트	춤	딩	아	척	딩	막	다	빌	나	위
일	프	크	쁘	님	네	오	님	일	복	추	매	주	참	불	상	학	밑	사	경
예	하	다	교	그	렇	지	만	단	홀	다	하	흥	파	편	집	시	뒤	다	자
나	다	숭	런	들	컴	명	권	데	이	실	스	배	나	하	하	알	다	인	질
동	열	연	점	부	제	니	히	의	트	내	이	빠	르	다	홍	히	착	이	회
마	만	극	년	다	심	보	년	자	심	생	활	하	우	짜	히	그	하	채	소
턴	우	자	집	래	비	까	열	구	집	그	기	시	마	친	절	하	다	호	그
텔	과	생	돈	글	쎄	요	산	좀	아	남	벌	인	사	영	원	비	님	생	학
다	남	사	인	후	다	자	차	동	하	늘	써	의	귀	금	사	빠	이	오	관
서	원	자	랑	그	학	회	화	전	래	시	런	대	다	은	오	그	다	위	책

- during
- very much
- to be crowded
- "Well."
- to be good-natured
- train

- Australia
- traffic
- to be uncomfortable
- already
- last night
- to dance

- professor's office
- to be late
- to be fast
- play
- to make friends
- singer

- to begin
- to move
- to be sick
- to be kind
- daily life, living
- early

Lesson 12 & 13 Crossword Puzzle

1		2	3			4		5	
			6						
7		8				9			
			10					11	
						12			
13					14				
		15					16		
	17			18					
				19					
20									

Across

2. to resemble
5. now
6. to be noisy
7. to come out
9. cost of living
10. to borrow
12. for a short time
13. laundry
15. to help
19. to wait
20. because of

Down

1. to be born
3. again
4. to wear headgear
5. a little later
8. to attend
10. to lend
11. without doing anything further
13. to be red
14. color
16. to grow up
17. later
18. to leave (a message)

Lesson 14–16 Word Search

Find the words for each description below. All words will occur horizontally or vertically—not diagonally.

인	작	오	싸	등	리	늘	다	실	대	우	일	락	다	의	침	아	니	마	어
고	돌	아	오	다	관	상	책	사	체	비	컴	방	거	만	아	또	고	교	라
형	집	문	회	집	있	가	마	손	워	희	오	가	연	락	고	다	비	사	밤
홍	질	시	싫	게	구	지	별	로	강	버	캠	전	국	프	지	워	기	가	제
아	메	원	빠	주	국	기	실	통	부	옆	금	오	나	다	뉴	서	수	학	운
오	우	하	사	마	콩	원	산	니	점	숙	방	이	개	카	자	언	다	방	동
누	비	다	다	월	노	래	방	샤	모	쓰	무	만	열	저	운	굉	가	항	화
학	돈	생	로	보	하	나	어	여	교	곳	데	세	레	학	전	역	작	물	의
공	양	말	방	기	다	스	읽	있	어	싫	어	하	다	오	하	어	이	경	늘
시	고	난	전	래	하	사	늦	스	서	화	밖	빌	전	하	다	잡	르	다	문
명	다	고	층	로	한	적	어	도	트	오	딩	아	척	딩	막	다	빌	나	구
일	프	크	쁘	님	네	오	님	일	복	추	매	공	참	불	상	학	밑	사	경
예	하	다	계	빨	렇	갖	만	단	홀	레	하	항	파	송	집	시	뒤	다	하
나	다	숭	단	들	컴	명	권	출	구	실	스	배	나	하	하	알	다	인	다
동	열	큰	점	부	제	니	시	의	트	내	이	수	르	씨	홍	히	더	이	회
마	만	극	년	다	심	보	짜	자	심	세	활	하	우	짜	정	그	맵	다	소
턴	음	자	집	도	착	하	다	구	집	수	기	시	마	절	류	하	다	호	그
텔	식	생	돈	글	휴	요	산	좀	아	하	벌	인	착	영	장	비	님	생	학
다	점	원	인	후	다	자	차	시	키	다	란	의	귀	금	사	빠	이	오	관
서	환	자	랑	그	학	회	화	전	래	시	런	대	다	은	오	그	다	위	책

- karaoke
- contact
- to arrive
- socks
- not really
- to order (food)

- exit
- stairs
- to give (regards)
- clerk
- to wash one's face
- to be salty

- airport
- to drive
- to return, come back
- soon
- to be cool, refreshing
- to dislike

- at least
- (bus) stop
- sports shoes
- to look around
- restaurant
- to be spicy

단어 복습 게임 Vocabulary Review Games

Lesson 8–10 Spot the Differences

There are eight things in the bottom picture that are different from the top picture. List the one-word items in Korean.

1. _____   2. _____   3. _____   4. _____

5. _____   6. _____   7. _____   8. _____

Lesson 11–13 Find the Hidden Objects

Find the following objects hidden in the picture.

바지	잔	셔츠	안경	한복
신발	기차	물	발	갈비

Lesson 14–16 Spot the Differences

There are eight things in the bottom picture that are different from the top picture. List the one-word items in Korean.

1. _____

2. _____

3. _____

4. _____

5. _____

6. _____

7. _____

8. _____